행복하게 살아간다는 말은
덜 불행하게, 즉 그럭저럭 견디며 산다는
의미일 뿐이라는 가르침으로 시작해야 한다.

- 쇼펜하우어 -

Arthur Schopenhauer

Counsels and Maxims

결코 나의 운명을 원망하지 않으리라

쇼펜하우어의 인생에 대한 조언(1851)

아르투어 쇼펜하우어 지음 | 김요한 옮김

RISE

숲은 멀리서 보면 아름답지만, 가까이 다가갈수록 아름다움은 사라져 버린다. 마치 인간의 세계처럼 약육강식이 벌어지며, 처음에 느낀 그 아름다움이 어디에 있는지 알 수가 없다. 인간이 추구하는 행복도 마찬가지다. 내 삶에서 멀게 느껴지는 행복을 얻기 위해 온갖 노력을 다하지만, 현실은 고통과 무료함 뿐이다.

그럼에도 불구하고 고통의 시간도 어떻게든 살아보려고 한다. 이것이 쇼펜하우어의 책을 선택한 가장 큰 이유다. 나 자신이 그랬던 것처럼 독자분들도 이 책을 통해서 불안함과 외로움, 고통과 슬픔 등의 마음을 극복할 수 있기를 진심으로 바란다.

이 책은 쇼펜하우어의 〈Counsels and Maxims〉를 옮긴 것으로 아무 주석 없이 원문 그대로를 실었다. 이유가 있다. '쇼펜하우어 붐'으로 다양한 쇼펜하우어의 책이 출간되었지만, 정작 쇼펜하우어의 철학이 아닌 저자의 견해로

재해석한 '자기계발서'가 주를 이룬다는 사실이 안타까웠다. 그리고 독자분들에게 말하고 싶었다.

"쇼펜하우어의 원문을 읽으면서 그 의미를 스스로 해석해 보는 것은 어떨까요?"

쇼펜하우어의 다소 난해한 문장들은 가능한 한 쉽게 풀었지만, 고전 철학책의 특징상 읽기 편하지는 않다. 그러나 한 장 한 장 읽기에 도전하고, 다른 사람의 재해석이 아닌 스스로 해석하고 적용하는 과정을 통해서 쇼펜하우어가 정말 여러분에게 전하고 싶었던 행복과 불행, 운명, 그리고 세계의 비밀을 찾아내는 기회가 될 것이다.

쇼펜하우어가 책의 첫 장에서 인용한 샹포르의 말로써 인사말을 마무리하겠다.

"행복은 쉽게 얻어지지 않는다.
우리 내면에서 얻기란 매우 어려우며,
다른 곳에서 얻기에는 아예 불가능하다."

김요한

처세에 대하여

나는 이 책에서 완벽함을 바라지 않는다. 내가 만약 완벽함을 바란다면, 테오그니스Theognis와 솔로몬Solomon, 라로슈푸코La Rochefoucauld 등 모든 시대의 사상가들에 의해 만들어진 수많은 지침을 반복해서 소개해야 할 것이다. 그렇게 하면 이미 독자에게 널리 알려진 말들을 또다시 읽게 할 뿐이다.

또한, 완벽함을 바라지 않았기 때문에 체계적인 배열도 하지 않았다. 그렇다고 해서 유감으로 생각할 필요는 없다. 삶의 지침은 어떤 방식을 취하더라도 다양한 문제를 취급하다 보면 매우 지루해질 수밖에 없다. 나는 지금 생각나는 것과 전달할 가치가 있는 것, 그리고 적어도 지금까지 완벽하게 말하지 않은 부분만을 전달하려고 한다.

그러므로 다양한 영역에서 다른 사람들이 이미 전한 것들에 대한 보충으로 받아들여질 수 있다. 그런데 이러한 것에 언급된 다양한 견해가 있으므로 최소한의 체계가 필요하다. 따라서 첫째는 '일반적인 처세', 둘째는 '자신과의 관계', 셋째는 '타인과의 관계', 넷째는 '세상과 운명에 대한 처세'로 나누어 말하겠다.

아르투어 쇼펜하우어

목차

CHAPTER 3.
타인과의 관계

CHAPTER 4.
세상과 운명에 대한 처세

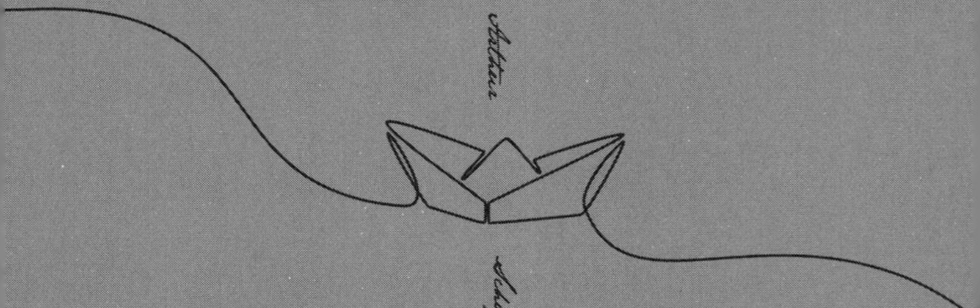
Arthur Schopenhauer

CHAPTER 1

일반적인 처세

우리 인생의 목표는
삶의 쾌락을 누리는 것이 아니라
삶의 고통을 피하고자 노력하는 것이다.

01

고통과 행복에 대한 성찰

우리가 삶을 지혜롭게 살아가는 최상의 법칙은, 아리스토텔레스Aristoteles가 《니코마코스 윤리학》에서 언급한 다음과 같은 말이라고 생각한다.

"현명한 사람은 고통이 없기를 바라고 쾌락을 추구하지 않는다."

이 말은 모든 행복이나 쾌락은 부정적(소극적인) 성격을 지니고 있지만, 고통은 긍정적(적극적인) 성격을 지니고 있다는 사실에 기반한다. 이 법칙은 나의 저서 《의지와 표상으로서의 세계》에서 언급하며 자세히 설명했지만, 우리 일상에서 쉽게 접할 수 있는 예를 들며 설명하겠다.

만약 어떤 사람의 몸이 전체적으로 건강한 상태에서 어느 한 부위가 아프다면, 그 사람은 자기가 전체적으로 건강하다는 사실을 인식하지 못한 채 아픈 부위에 주의를 기울여 모든 생명 감각의 쾌적함도 잃고, 결국 삶의 평안함도 상실해 버린다. 이와 마찬가지로 우리가 살아가면서 원하던 모든 것을 이뤄냈어도 단 하나의 실패를 했다면, 그것이 사소한 것이어도 우리는 그 일에 대해 크게 신경 쓴다.

이 두 가지 경우는 우리의 의지를 침해당한 것으로, 의지는 신체와 노력 속에서 객관화할 수 있다. 즉 두 가지 경우를 통해서 의지의 만족은 언제나 소극적으로 작용할 뿐 직접적으로는 느끼지 못하며, 반성할 때 의식할 수 있다는 것을 알 수 있다. 반대로 의지를 저해沮害하는 것은 적극적으로 자신의 존재를 알린다. 모든 쾌락은 지혜가 결여된 것이며, 이 저해의 영향에서 벗어난 상태는 오래 지속되지 않는다.

우리의 목표는 삶의 쾌락과 향락享樂을 누리는 것이 아니라, 삶의 고통을 피하고자 노력하는 것이라고 언급한 아리스토텔레스의 가르침도 이것에 근거하고 있다. 만약 이 가르침이 틀린 것이라면, 볼테르Voltaire의 "행복은 꿈에 불과하고, 고통은 현실이다"라는 말도 틀린 말일 것이다. 따라서 삶 속 행복을 추구하는 사람은 쾌락이 아닌 고통을 근거로 삶을 대해야 한다. 이것이 진정한 행복이다.

행복은 그 말 자체가 완곡한 표현Euphemism으로 '행복하게 산다'라는 것은 작은 불행에 의해 그럭저럭 견딜 만한 삶을 산다는 것을 의미한다. 우리에게 삶은 즐기고자 주어진 게 아니라, 극복하고 벗어나기 위해 주어진 것이다. 이것을 라틴어로 표현하면 '그럭저럭 삶을 견뎌낸다(degere vitam, vita defungi)'이다. 이탈리아어로는 '삶을 뚫고 지나간다(si scampa cosi)', 독일어로는 '인간은 뚫고 나아가는 것을 추구해야 한다. 그는 세상을 잘 뚫고 나갈 것이다(man muss suchen durchzukommen; er wird schon durch die Welt kommen)'라고 표현한다.

또한, 노년老年에는 자기 인생에서 무언가를 이루고자 힘들게 애쓰던 모든 일이 끝났다는 것에 위안받는다. 행복한 사람은 육체적 · 정신적으로 고통 없이 살아온 사람이지, 쾌락과 향락을 누린 사람이 아니다. 즉 쾌락과 향락을 행복이라고 여기는 사람은 잘못된 기준을 지닌 것이다. 왜냐하면, 쾌락은 소극적인 것에 머무르며, 향락이 행복하게 만든다는 것은 질투와 부러움에서 비롯된 착각이기 때문이다.

고통은 적극적인 것, 즉 사실 그대로 느껴지기에 '고통 없는 상태'가 행복의 기준이 된다. 이 고통 없는 상태에 지루함마저 없다면, 행복의 본질적인 조건이 충족된 것이다. 그 외 다른 것은 모두 망상에 불과하다. 따라서 사람은 고통을 감수하고 쾌락을 누려서는 안 되며, 고통을 겪을 위험을 무릅써서도 안 된다.

그렇게 하는 사람은 소극적인 것, 즉 망상을 위해 적극적이고 현실적인 대가를 치러야 하기 때문이다. 반대로 고통에서 벗어나기 위해 쾌락을 희생하는 것은 이익이다. 이 두 가지 경우, 고통이 즐거움 뒤에 오든, 앞에 오든 아무 문제가 없다. 고통이 가득한 이 세상을 '쾌락의 정원'으로 바꾸려고 하거나, 고통 없는 상태가 아닌 쾌락과 향락을 목표로 하는 것은 어리석으며, 삶의 이치理致를 뒤집는 것이다. 그런데도 많은 사람이 그렇게 하려고 한다. 이 세상을 지옥처럼 보면서 지옥 불에 노출되지 않는 공간을 확보하려는 사람이 오히려 현명하다.

어리석은 사람은 삶의 쾌락을 좇다가 나중에야 자신이 속은 것을 알게 된다. 반면 현명한 사람은 고통을 피한다. 그런데도 불운에 빠졌다면, 그것은 운명이지 그가 어리석어서가 아니다. 현명한 사람이 고통을 피했다고 해서 그가 성공한 삶을 살았다고 할 순 없다. 그가 고통을 피한 것은 지극히 현실적이다. 현명한 사람이 고통을 피하기 위해 쾌락을 포기했다고 해도 본질적으로 더 나빠진 것은 없다. 모든 쾌락은 망상에 불과하며, 그런 즐거움을 얻지 못했다고 해서 후회하는 것은 우스운 일이기 때문이다.

이러한 진리를 낙관적인 견해에 의해 인식하지 못하는 것이 불행의 원인이다. 우리가 고통 없는 상태에 있을 때, 불안해진 욕망은 현실에 없는 행복을 좇으라고 부추기고, 결국 고통을 초래하고 만다. 그렇게 되면 우리는 잃어버린 '고통 없는 상태'가 낙원이었음을 알고 후회하며 되돌릴 수 있기를 바란다. 이것은 마치 고통 없는 상태에 있는 우리를 욕망의 가면을 쓴 악령이 유혹해서 끌어내려는 것과 같다.

이러한 진리를 모르는 사람은 오로지 즐기기 위해서 이 세상이 있는 것이며, 이런 행복을 얻지 못한 사람은 어려움을 극복하지 못한 탓이고, 세상에는 실제적인 행복이 존재한다고 믿는다.

이런 잘못된 생각을 사람들이 하는 것은 시詩와 소설 등, 겉모습만 화려한 세상의 위선적인 것이 가득하기 때문이다. 이것에 대해서는 나중에 다시 언급하겠다. 이렇게 되면 우리의 삶은 크든 작든 간에 쾌락에서 얻는 행복을 추구하게 되며, 위험을 감수해야만 한다. 그런데도 이런 행복을 추구하는 것은 존재하지 않는 사냥감을 쫓는 것처럼 현실적이고 적극적인 불행을 마주하는 것이다. 결국에는 고통, 괴로움, 질병, 상실, 근심, 가난, 수치심, 그리고 수많은 고통을 겪게 된다. 나중에 속았다는 것을 깨달았을 때는 이미 늦었다.

그러나 여기서 내가 말하는 법칙대로 삶의 목표를 고통에서 벗어나는 것, 즉 결핍, 질병, 괴로움에서 피하는 것에 중점 둔다면, 그 목표는 현실적인 것이 된다. 즉 행복이라는 환상을 추구하지 않을수록 삶의 목표는 성공할 수 있다. 이것은 괴테J. W. v Goethe가《선택적 친화력》에서 항상 다른 사람의 행복을 위해 활동하는 미틀러라는 인물을 통해 표현한 말과 같다.

"고통을 피하려는 것은 확실한 목표이지만, 현재보다 더 나은 운을 바라는 것은 맹목적인 어리석음이다."

이 말은 "더 나은 것은 좋은 것의 적이다"라는 프랑스 속담과도 맥락이 닿아있다. 더 나아가서 나의 저서인《의지와 표상으로서의 세계》에서 언급했듯이 견유학파Cynic

의 근본 사상이 된 것이다. 견유학파가 모든 쾌락을 거부하는 이유는 어느 정도 차이는 있으나 고통과 쾌락은 결합되어 있는데, 고통에서 벗어나는 게 쾌락을 얻는 것보다 훨씬 중요하다고 생각했기 때문이다.

쾌락의 소극적인 성격과 고통의 적극적인 성격을 깊이 인식한 그들은 고통을 피하고자 모든 노력을 기울였다. 그래서 의식적으로 쾌락을 거부했으며, 그저 쾌락은 우리를 고통에 빠뜨리기 위한 함정에 불과하다고 여겼다.

실러F. v Schiller가 말한 것처럼 우리는 아르카디아Arcadia에서 태어났다. 우리는 행복과 쾌락에 대한 기대를 안고 이 세상에 왔으며, 이것을 실현하고자 근거 없는 희망을 품고 있다. 그러나 운명은 우리를 거칠게 붙잡으며 세상의 모든 것은 운명이 소유하고 있다고 가르친다. 이는 우리가 가진 것, 얻은 것뿐만 아닌 아내와 자식, 팔다리, 눈과 귀, 코까지도 포함된다.

그렇게 시간이 지나면서 경험을 쌓으면 행복과 쾌락은 멀리서는 보이지만 가까이 다가가면 사라지는 신기루와 같다는 것을 배운다. 반면 고통과 괴로움은 막연한 환상이나 헛된 기대가 아닌 현실로 다가온다는 것을 깨닫는다. 이런 가르침이 두렵게 느껴진다면, 우리는 행복과 쾌락을 추구하는 것을 포기하고, 고통과 괴로움이 몰려와도 자신을 안전하게 지키는 것에 힘써야 할 것이다.

그러므로 우리는 세상이 제공하는 최선의 것은 '고통 없는 평온한 삶'이라는 것을 인식하고, 이런 삶을 확실히 이룰 수 있도록 목표로 삼아야 한다. 불행해지지 않는 가장 확실하고 안전한 방법은 큰 행복을 기대하지 않는 것이다.

이에 대해 괴테는 젊은 시절 친구였던 메르크J. H. Merck와 주고받은 서신에서 이렇게 말했다.

"행복에 대한 탐욕적인 요구는 그 정도가 높아지면서 이 세상의 모든 것을 망친다. 이러한 요구에서 벗어나 눈앞에 보이는 것만을 원하는 사람이 진보할 수 있다."

우리는 쾌락, 재산, 지위, 명예 등에 대한 요구를 적게 설정하는 것이 바람직하다. 왜냐하면, 행복해지기 위해서 애쓰고 쾌락적인 삶을 살고자 노력하는 것은 큰 불행을 초래하기 때문이다. 이렇듯 자신의 요구를 줄이는 건 현명하고 지혜로운 태도다. 불행하다는 건 조금도 이상하지 않지만, 행복해지는 건 어려울 뿐만 아니라 불가능하기 때문이다.

호라티우스Quintus Horatius Flaccus는 삶의 지혜에 대해 이렇게 노래했다.

"큰 소나무는 세찬 바람에 심하게 흔들리며
높은 탑은 무너질 때 더 큰 피해를 당한다.
또한, 가장 높은 산은 벼락을 먼저 맞는다.
이와 마찬가지로 현명한 사람은
크고 화려한 저택을 탐내지 않는다."

나의 철학을 마음에 새긴 사람은, 즉 우리 존재는 지금보다 더 나아지지 않으며, 우리의 존재를 부정하고 거부하는 것이 최고의 지혜라는 것을 이해하는 사람은, 어떤 사물이나 상태에도 기대하지 않을 것이다. 이 세상의 어떤 것에도 열정을 쏟지 않을 것이며, 무슨 일이 실패해도 크게 슬퍼하지 않을 것이다. 이런 사람은 플라톤Plato이 말한 "인생의 어떤 것도 열중할 만한 가치가 없다"라는 조언에 깊은 진리가 담겨 있음을 느낄 것이다.

또한, 다음의 시에도 깊이 동감할 것이다.

"당신이 세상을 잃는다고 해도 괴로워하지 말라.
이 세상은 없는 것과 다름없다.

당신이 세상을 소유했다고 해도 기뻐하지 말라.

이 세상은 없는 것과 다름없다.

모든 괴로움과 기쁨은 사라져 간다.

세상을 스쳐 지나갈 뿐 없는 것과 다름없다."

그러나 이런 지혜를 얻는 데 어렵게 하는 것은 세상의 위선이다. 따라서 젊은이들에게 이 실상을 빨리 가르쳐야 한다. 이 세상에서 훌륭하다고 하는 것들은 겉모습에 불과하며, 마치 극장 무대의 장식처럼 가상일 뿐 실질적인 것이 없다. 깃발과 꽃으로 장식한 배, 대포의 발사, 조명, 북소리와 나팔소리, 환호와 박수 등 모든 것은 기쁨의 외적 표시이자 가식에 불과하다. 이런 곳에서 기쁨은 찾아볼 수 없다.

기쁨은 축제 속에서 발견할 수 없으며, 진정한 기쁨은 초대받지 않고 예고 없이 스스로 조용히 찾아온다. 게다가 기쁨은 영광에 찬 기회가 번쩍이는 것처럼 무의미하고 사소한 기회에 살짝 찾아오는 것이다. 즉 기쁨은 마치 오스트레일리아의 금광에서 발견되는 금처럼 우연히 발견되는 것이며, 모든 규칙이나 법칙을 따르지 않는다. 대부분 아주 작은 양으로 발견되며, 드물게는 많은 양으로 발견된다. 그러나 앞서 말한 모든 사물에는 사람들에게 축제에 진정한 기쁨이 있는 것처럼 믿게 하려는 목적이 담겨 있다.

슬픔도 기쁨과 마찬가지다. 장엄하고 엄숙한 장례식 행렬이 천천히 움직이는 모습을 보라. 얼마나 슬퍼 보이는가! 끝도 없이 길에 이어진 마차들! 하지만 그 안을 들여다보면 모든 것이 텅텅 비어 있다. 죽은 자는 도시의 마부들의 호위를 받으며 묘지로 운반될 뿐이다. 이는 세상의 우정과 존경의 진상을 적나라하게 보여준다. 즉 장례식 행렬은 인간의 허식과 공허함, 그리고 위선의 상징적인 모습인 것이다.

또 다른 예를 들겠다. 예복을 차려입은 손님들을 정중하게 맞이하는 상류 사교계의 모습은 고귀하고 존경받는 사람들처럼 보일 수 있다. 하지만 실제 사교계에 나타나는 모습은 강요, 고통, 무료함이다. 많은 사람이 초대된 장소에는 무뢰한無賴漢도 많이 있다. 아무리 그들이 가슴에 훈장을 달았다고 해도 결국 사정은 마찬가지일 뿐이다.

진정으로 훌륭한 회합會合은 어디에서나 반드시 소규모다. 화려한 축제와 시끄러운 연회에서는 언제나 깊은 공허함이 느껴진다. 이런 모임은 우리 존재의 불행이나 결핍과는 모순적이고, 그 대조적인 것이 진상을 더 드러내보이기 때문이다. 그런데 이런 모임들을 외부에서 볼 때는 대단하게 보이는 효과가 있다. 바로 이것이 목적인 것이다. 이에 대해 샹포르Sebastien Chamfort는 다음과 같이 말했다.

"세상이라 부르는 사교계나 서클, 살롱은 형편없는 연극이나 오페라와 같아서 아무런 흥미가 없다. 이런 것들은 기계적 도움과 의상, 장식으로 잠시 지탱되는 것이다."

대학, 특히 철학 강좌는 간판에 불과하며 이런 곳에 지혜는 없으므로 다른 곳에서 찾아야 한다. 종소리, 신부의 의상, 경건한 태도, 얼굴을 찌푸리는 행동, 이 모든 것도 간판이며 신앙심의 가식적인 모습이다. 따라서 세상의 모든 것은 속이 빈 견과와 같아서 알맹이는 거의 없으며, 설령 있다고 해도 껍질 속에 들어있는 일은 매우 드물다. 그것은 다른 곳에서 찾아야 하며, 대부분 우연히 발견될 뿐이다.

02 행복의 정도를 평가한다면

만약 어떤 사람의 상태를 행복의 정도로 평가한다면, 그 사람이 무엇에 만족하고 있는가가 아니라, 무엇이 그 사람을 괴롭히는가를 따져 봐야 한다. 그 사람이 괴로운 이유가 사소하면 사소할수록 그만큼 더 그 사람은 행복한 것이다. 왜냐하면, 행복한 상태일 때는 사소한 일에도 민감하지만, 불행할 때는 사소한 일들이 전혀 느껴지지 않기 때문이다.

03 행복한 삶을 추구할 때 주의점

우리는 자기 삶의 행복을 위해 많은 것을 필요로 하지 않음으로써 넓은 기반 위에 세우지 않도록 주의해야 한다. 넓은 기반 위에 세워진 행복은 사소한 일에도 쉽게 무너질 수 있고, 좋지 않은 사고가 일어날 기회가 많아지는데, 이런 사고는 항상 발생하기 때문이다. 이런 점에서 행복의 구조는 다른 모든 경우와는 정반대의 관계에 있다. 즉 가장 넓은 기반이 가장 큰 안전을 제공하는 다른 경우들과는 다르게, 행복을 위해서는 가능한 한 적은 요구를 해야만 가장 큰 불행에서 확실하게 벗어날 수 있다.

어떤 형태를 취하든, 인생을 살아가기 위해 너무 광범위하게 준비하는 것은 어리석은 행동임에도 빈번하게 일어나고 있다. 이런 준비를 하는 사람들은 모든 것을 이룰 것을 전제하지만, 아무리 사람이 오래 산다고 해도 준비한 것과 비교하면 사람의 생애는 짧다. 즉 준비한 것을 실행하는 데는 처음 계획했을 때보다 훨씬 많은 시간이 필요하다. 또한, 인간사에서 목표에 도달하는 경우가 드문 것처럼 실행 과정에서 많은 불운과 장애물이 있으므로 목표한 것을 이루는 경우도 드물다.

설령 목표한 것을 이루었다고 해도 우리 자신이 시간의 흐름과 함께 변해왔다는 것을 계산하지 않는다. 또 우리의 능력이 목표를 성취하고 이것을 즐길 수 없다는 사실을 잊는다. 우리가 힘들게 목표를 이루었어도, 이미 성취한 것이 우리 마음에 들지 않는 경우도 종종 있다. 또 목표한 작업을 준비하는 데 많은 시간을 보내는 동안, 자기도 모르는 사이에 그 작업을 수행할 능력을 잃는 일도 있다. 그래서 우리가 오랫동안 큰 고생과 위험을 감수하며 얻은 부富를 누리지 못하고, 다른 사람들을 위해 일한 것이 되는 경우도 가끔 있다. 또는 우리가 여러 해에 걸쳐 노력하고 고생한 끝에 지위를 얻어도 그 직책을 다할 수 없는 경우도 있다.

우리의 목표 성취가 너무 늦게 찾아오거나 반대로 우리가 너무 늦게 목표에 도달하기도 한다. 예를 들어 우리는 예술이나 문학에서 큰 성취를 이루고자 하지만, 이미 대중의 취향이 변했을 수 있다. 우리가 하는 일에 아무 관심이 없는 새로운 세대가 성장했거나, 우리보다 훨씬 짧은 방법을 통해 우리를 앞질렀을 수도 있다. 여기서 언급한 모든 것을 염두에 둔 호라티우스는 다음과 같이 말했다.

"무엇 때문에 네 마음을 끝없는 계획으로 지치게 하는가?"

이런 어리석음의 원인은 마음의 착시 현상에서 비롯된다. 착시 현상에 의해 삶은 무한해 보이지만, 그 삶의 끝에 이르면 얼마나 짧았는지 깨닫게 된다. 그러나 착시 현상의 좋은 점도 있다. 이것이 없었다면 위대한 것은 절대로 성취되지 않았을 것이다. 하지만 일반적으로 우리는 삶 속 방랑자와 같다. 앞으로 나아갈수록 보이는 온갖 대상이 멀리서 봤을 때와는 다른 형태를 취하며, 그것에 가까워지면 다시 변한다. 특히 우리의 욕망이 그렇다. 우리는 찾고 있었던 것이 전혀 다른 것이었음을 알게 되거나, 훨씬 더 좋은 것을 발견하기도 한다.

때로는 우리가 찾고 있던 것이 전혀 다른 길에 있는 일도 있다. 우리가 찾았던 쾌락, 행복, 기쁨 대신에 교훈, 통찰, 인식을 얻게 되는데, 이는 일시적이고 가상적인 보물

대신에 실제적이고 지속적인 참된 보물을 뜻한다. 이것은 괴테의 작품 속 인물인 '빌헬름 마이스터'를 통해서 나타나는 사상이기도 하다. 《빌헬름 마이스터의 수업시대》는 지적인 소설로, 인간의 본성을 오로지 의지의 측면에서만 다룬 모든 다른 작품들보다 고상한 품격이 있다.

마찬가지로 이 근본 사상은 〈마술피리〉에도 상징적으로 나타난다. 〈마술피리〉의 결말에서 타미노가 파미나를 소유하려는 욕망을 버리고, 그녀 대신 지혜의 신전에서 신성한 계시를 받았다면, 그는 완전해졌을 것이다. 또한, 그와 대립적인 인물인 파파게노는 파파게나를 소유했을 것이다. 즉 탁월한 사람들은 곧 자신이 운명의 손아귀에 있다는 것을 깨닫고, 운명의 가르침을 따르며 감사해 한다.

탁월한 사람들은 이 세상에서 얻을 수 있는 것은 행복이 아니라 경험이라는 것을 인식하고, 희망을 통찰로 바꾸는 것에 만족해한다. 이에 대해 페트라르카Francesco Petrarca는 다음과 같이 말했다.

"나는 오직 배우는 것에서만 행복을 느끼며, 다른 데서는 기쁨을 느낄 수 없다."

설령 탁월한 사람들이 여전히 욕망과 의욕을 따르더라도 겉으로 보이는 것일 뿐, 마음속으로는 진지한 배움을 추구한다. 그렇게 되면 그들은 사색적이고 숭고한 품격을 갖추게 된다. 이런 의미에서 우리는 모두 연금술사와 같은 존재이다. 연금술사들이 황금만을 찾아다니다가 화약, 도자기, 약, 자연의 법칙 등을 발견한 것처럼 말이다.

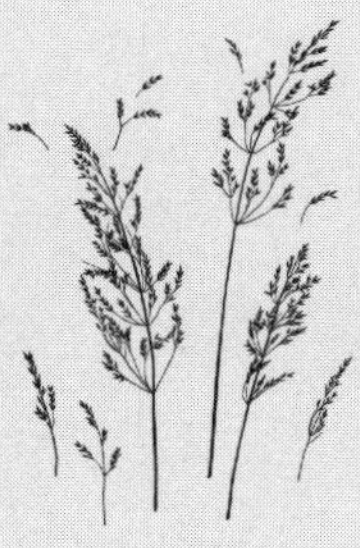

Arthur Schopenhauer

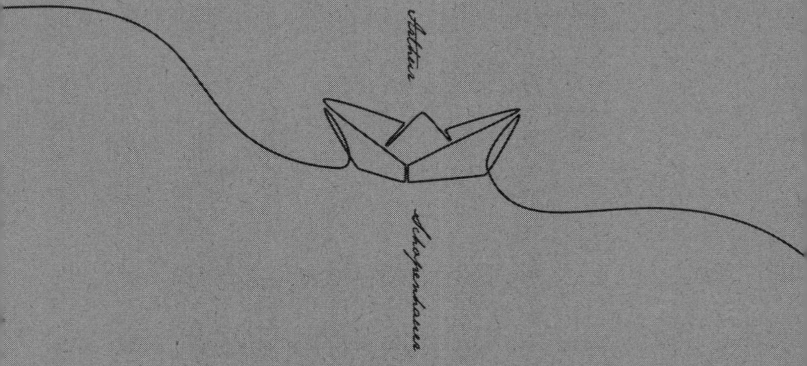
Arthur
Schopenhauer

CHAPTER 2

자신과의 관계

지혜로운 삶을 살고 싶다면,
현재와 미래에 대한 생각 사이에서
적절한 비율을 유지해야 한다.

04 진정한 행복의 본질은 무엇인가

집을 짓는 벽돌공은 그 집의 전체 설계에 대해 모르거나, 알더라도 항상 염두에 두지는 않는다. 마찬가지로 사람도 하루하루 삶을 살아가면서 삶 전체나 본연의 자세에 대해 깊이 생각하지 않는다. 만약 어떤 사람이 삶의 자세가 신중하며 계획대로 사는 존재라면, 그 계획을 실행할 때 삶의 축소된 형태(전체적인 윤곽)를 살펴보는 것이 바람직하다. 이때 그 사람에게 필요한 것은 "너 자신을 알라"라는 조언을 실행하는 것과 다른 무엇보다도 더욱 소망한다는 간절함이다.

따라서 자신이 행복해지기 위한 본질적인 무엇인가를 알아야 한다. 즉 전체적인 윤곽에서 자신의 소명과 역할이 무엇인지를 세상에서 찾아내야 한다. 세상과 자신의 관계를 알고 있으며 그 역할이 중요한 것이라면, 삶의 계획을 확인하는 것만으로 그 사람은 용기를 얻고, 스스로 자극하고 고무시키며, 잘못된 길로 빠지는 일이 없도록 할 것이다.

여행자가 높은 곳에 도착했을 때 지금까지 자신이 걸어온 길이 구불구불한 곳이 많았음을 한눈에 볼 수 있듯이, 우리는 삶의 특정한 시기나 인생의 말년에 이르러, 즉 삶의 종착점에 이르렀을 때 비로소 우리가 무엇을 성취했는지 그 이유와 목적을 알게 되며, 모든 노력의 진정한 가치를 알 수 있다. 왜냐하면, 우리는 삶에서 어떤 일을 수행하는 동안에는 자신의 성격, 동기, 능력에 따라서 행동하며, 처음부터 끝까지 필연성의 법칙을 따르기 때문이다.

우리는 매 순간 자신에게 올바르고 정당하다 여기는 것을 실행할 뿐이다. 우리가 실질적으로 어떤 위대한 일을 하거나 불멸의 작품을 창조할 때, 우리는 그것을 그러한 것으로 인식하지 않는다. 우리는 단지 현재의 목표를 충족시키고, 당시의 의도를 실현하며, 그 순간 옳은 일을 하는 것만 생각한다.

그러나 우리의 삶을 전체적으로 바라보게 되었을 때 비로소 우리의 성격과 능력이 진정한 빛을 발한다. 특정한 순간에 마치 신神의 영감靈感이 우리를 인도하여 수많은 길 중

오직 한 길만을 선택하게 하였던 것을 깨닫는다. 우리를 인도한 것은 우리안에 내재된 천재성이었으며, 이는 지적 분야에서나 세속적인 일에서나 악과 재난에 대해 똑같이 작용하는 힘이다.

05

하루를
하나의 인생처럼 살아라

삶을 지혜롭고 현명하게 살아가기 위해 중요한 요소는 현재를 생각하는 것과 미래를 생각하는 것 사이의 적절한 비율을 유지하는 것이다. 즉 하나에 지나치게 신경 쓰다가 다른 하나를 망치지 않기 위해서다. 많은 사람이 현재에만 너무 오래 머무른다. 이들은 경솔한 사람들이다. 또 어떤 사람들은 항상 불안과 걱정으로 가득 차서 미래에만 치중한다. 이 두 극단 사이에서 올바른 균형을 유지하는 사람은 극히 드물다.

오직 미래만을 바라보며 앞으로 다가올 일들이 자신을 행복하게 해줄 것이라고 기대하며 살아가는 사람들은, 그들이 아무리 똑똑해 보일지라도 이탈리아에서 볼 수 있는 당나귀들과 같다. 당나귀 머리 앞에 막대기로 건초 더미를

매달아 두면, 당나귀는 그것을 먹으려고 계속 걸음을 재촉하게 된다. 이런 사람들은 자신들의 전체 존재에 대해 지속적인 환상을 갖고 있으며, 결국 임시방편으로 삶을 살다가 죽음을 맞이한다.

따라서 온갖 계획을 세우면서 미래를 걱정하거나 과거를 후회하지 말고, 오직 현재만이 현실이고 확실하다는 것을 명심해야 한다. 그리고 미래는 거의 우리의 기대와 다르게 전개되며, 과거도 우리가 생각하는 것과는 매우 달랐다. 전체적으로 봤을 때 과거와 미래는 우리가 생각하는 것만큼 확실하지 않다는 것이다. 멀리서 보면 물체가 작게 보이지만, 생각 속에서는 그것이 크게 보이는 것처럼 말이다.

현재만이 진실이자 실재實在이고, 실제적인 시간이며, 오로지 현재 속에서 우리의 존재가 있다. 따라서 우리는 언제나 현재를 기쁘게 받아들여서 견딜 수 있는 고통과 분노에서 벗어난 시간을 있는 그대로 즐겨야 한다. 과거의 실패나 미래에 대한 걱정으로 얼굴을 찡그리지 말아야 한다. 과거에 대한 후회나 미래에 대한 불안으로 현재의 시간을 불쾌한 것으로 만드는 것은 어리석은 일이다.

물론 신중하게 생각할 시간도, 후회할 시간도 있지만, 그 시간이 지나면 과거는 떠나보낸 것으로 생각하고 마음을 다스려야 한다.

"이미 일어난 일들은 슬플 수밖에 없지만, 마음을 다스리며 잊어버리자. 그리고 미래는 우리 힘 밖에 있는, 신神들의 손에 달린 것으로 생각하자."

현재에 대해 세네카Lucius Annaeus Seneca는 "하루를 하나의 인생처럼 살아라"라고 말했다. 이 말처럼 매일 하루를 하나의 완전한 삶으로 여기고, 그 하루를 가능한 한 즐겁게 만들어야 한다. 그것이 우리가 가진 유일한 실제 시간이다. 미래의 재난 중에서 확실하고, 또 그것이 발생할 시간이 분명한 것에 대해서만 걱정해야 한다. 하지만 그런 재난은 매우 드물다.

재난이란 가령 '가능성 있는 재난'과 '불가피한 재난' 두 가지가 있다면, 확실하게 일어날 재난조차 언제 올지 알 수가 없다. 이런 두 종류의 재난에 얽매이면 마음이 평화로운 순간은 없다. 그러니 삶의 평온을 잃지 않으려면 가능성 있는 재난은 절대 오지 않으리라 여기고, 불가피한 재난은 당장은 오지 않을 것처럼 여겨야 한다.

그러나 두려움이 사라지면 사라질수록, 점점 더 욕망과

기대가 우리의 마음을 불안하게 한다. 괴테가 말한 "나는 내 입장을 무위無爲에 올려놓았다"라는 고백도 모든 허영을 버리고 단순한 존재 자체로 피신한 후에야 비로소 행복의 기반인 마음의 평화를 얻을 수 있다는 것을 의미한다. 이런 마음의 평화는 현재를 즐기는 데 없어서는 안 된다. 매 순간이 즐겁지 않으면 삶 전체의 행복은 없는 것이다.

따라서 우리는 '오늘'과 같은 날은 단 한 번만 온다는 사실을 마음에 새겨야 한다. 내일이면 오늘이 다시 온다고 생각할 수 있지만, 그 내일은 또 다른 하루이며, 역시 단 한 번밖에 오지 않는다. 그런데도 우리는 하루가 인생의 불가분한 일부이며, 대체할 수 없는 것임을 잊는다. 오히려 인생을 하나의 집합적인 개념으로 생각한 탓에 그 일부(하루)가 파괴되어도 전체에는 큰 영향을 미치지 않는다고 잘못 생각하고 있다.

우리가 건강한 상태에서 병들었던 과거를 떠올리면서 고통과 결핍이 없었던 시간을 얼마나 부러워했는지, 잃어버린 낙원이며, 오해한 친구처럼 애석했는지를 떠올린다면 현재를 더 존중하고 즐길 것이다. 하지만 우리는 아름다운 나날들의 소중함을 모른 채 그냥 지낸다. 그러다가 불행이 찾아왔을 때 비로소 그날을 되찾고 싶어 한다. 즐겁고 유쾌할 수 있는 수천 시간을 그냥 지내버리고 나서 슬픈 시기가 찾아오면, 그 시간을 헛되이 그리워하며 탄식한다.

우리는 현재의 순간들이 아무리 사소하고 평범할지라도, 무심코 지나치거나 성급하게 밀어내서는 안 된다. 그러한 순간들을 소중히 여겨야 한다. 우리의 기억 속에서 그 순간들은 불멸의 빛으로 보존될 것이며, 특히 우리 삶이 힘들어질 때 그 순간들은 우리의 가장 큰 후회의 대상으로 떠오르게 될 것이다.

06

모든 제한은 행복을 촉진한다

언제나 삶 속 제한은 우리를 행복하게 한다. 우리의 시야視野, 즉 세상에서 우리가 활동하고 접촉하는 범위가 제한되고 좁아질수록 우리는 더 행복해진다. 반대로 이런 것들의 범위가 넓어질수록 우리는 더 괴로워하고 불안해지기 쉽다. 왜냐하면, 범위의 확대와 함께 우리의 불안과 욕망, 두려움이 더해 가기 때문이다. 시각장애인은 우리가 생각하는 것만큼 불행하지는 않다. 그들의 얼굴에 나타나는 온화함과 평온함이 이를 증명하고 있다.

인생의 후반부가 전반부보다 더 슬픈 것도 부분적으로 이 법칙에 기인하고 있다. 세월이 흘러감에 따라 우리의 목표와 세상과의 접점은 더 넓어진다. 어린 시절에는 우리의 시야가 가장 좁은 범위에 제한된다. 청소년기에는 시야가

상당히 넓어진다. 성인이 되면 우리의 활동 범위를 모두 포함하며, 때로는 국가나 민족을 돌보는 것처럼 먼 영역까지 확장된다. 노년에는 후세까지 아우르게 된다.

모든 제한은 우리의 행복을 촉진한다. 우리의 의지가 덜 자극될수록 고통도 덜하기 때문이다. 즉 고통은 적극적(긍정적인 것)이며, 행복은 소극적(부정적인 것)이라는 것을 알 수 있다. 외부 활동의 범위를 제한하는 것은 의지가 움직이는 외부 자극을 잃어버리게 한다. 하지만 정신적 활동 범위를 제한하는 것은 수많은 고통의 원천인 무료함을 제공하는 단점이 있다. 사람들은 이 무료함을 없애기 위해 방탕, 사교, 낭비, 도박, 음주 등을 하는 사이에 재난, 파멸, 불행을 자초하기에 이른다.

무료한 시간 속에서 평정을 지키는 것은 어렵다. 반면 외부 활동의 범위를 제한하는 것은 인간의 행복에 도움이 되며, 필요하다는 것은 행복한 삶을 묘사한 목가적인 시詩에서 본질적으로 단순하고 제한된 상황과 환경을 표현한다는 것에서 알 수 있다. 우리가 풍속화에서 즐거움을 느끼는 것도 이러한 감정 때문이다.

따라서 우리의 생활 방식에서 단순함을 최대한 유지하고, 무료함을 느끼지 않는 한도 내에서 일상에 단조로움을 유지하는 것은 우리를 행복하게 한다. 이런 상황에서는 삶 자체, 나아가 삶의 본질적인 부담이 가장 적게 느껴지기 때문이다. 이런 생활 방식은 시냇물처럼 파도나 소용돌이 없이 평화롭게 조용히 흘러갈 것이다.

07 지적인 활동이 필요한 이유

우리가 행복한지, 불행한지 결정하는 것은 궁극적으로 우리의 의식에 달려 있다. 이런 점에서 지적 능력을 갖춘 사람에게는 각종의 순수한 지적 활동이 언제나 충격과 고통 속에서 성공과 실패를 직면하는 현실 생활보다 더 많은 행복을 가져다줄 것이다. 하지만 그러한 활동을 위해서는 뛰어난 지적 능력이 필요하다.

또한, 외부 활동에 전념하는 생활이 우리를 학문(공부)에서 벗어나게 하는 것처럼, 오랜 사색思索의 과정은 일상 생활의 모든 활동에서 우리를 무능하게 만든다. 따라서 활동적이며 실천적인 일이 발생하면 잠시 정신적인 활동을 중단하는 것이 바람직하다.

08 인생의 중요한 순간을 기억하라

자신의 삶 속 경험에서 교훈을 끄집어내고, 사려 깊은 태도를 지니고 살기 위해서는 우선 반성이 필요하며, 자신이 경험한 것과 그때 느낀 것을 되풀이하여 상기하고, 과거의 판단과 현재의 판단을 비교하며, 또 자신이 목표로 삼고 성취하려고 노력한 것과 실제로 얻은 결과를 비교하는 것이 필요하다. 이렇게 하는 것은 경험에서 개인적인 교훈을 반복해서 얻는 것과 같다. 이러한 교훈은 모든 사람에게 주어진다.

세상의 경험은 일종의 원전原典으로 볼 수 있으며, 반성과 지식은 이 원전에 대한 주석과 같다. 반성과 지식이 많고 경험이 적다면, 이는 원전이 2페이지인데 주석이 40페이지에 이르는 책과 같다. 반대로 경험만 많고 반성이나 지식이 부족한 것은, 많은 사람이 이해하지 못하는 책, 즉 '비폰트판'으로 된 고서古書와 같은 것이다.

이러한 가르침은 피타고라스Pythagoras가 한 조언과 같은 의도로 이해할 수 있다.

"매일 밤 잠자리에 들기 전에 그날 한 일을 되돌아보라."

하루하루 쾌락의 혼란 속에서 무작위로 살아가면서 과거를 반성하지 않는 삶은, 마치 인생의 실타래에서 면사를 끊임없이 뽑아내는 것과 같다. 이러한 상태로 사는 사람은 자신이 무엇을 하고 있는지 명확하게 알지 못하게 되며, 스스로 감정의 혼란에 빠져 불안, 불확실성 등 혼돈을 겪게 된다. 이는 곧 갑작스럽게 엉뚱한 말을 하거나 단편적인 생각에 사로잡혀 대화가 난잡해지는 현상으로 나타난다. 이런 상태는 외부로부터의 불안이 커지고, 인상印象이 늘어날수록, 또 지적인 활동이 적을수록 이러한 운명에 더 많이 노출된다.

오랜 시간이 흘러 우리에게 작용한 온갖 사건과 상황이 사라지면, 그때의 기분이나 감정을 되살리는 것은 불가능하다. 그러나 우리가 했던 말과 행동은 기억할 수 있으며,

이는 그 사건들의 결과, 표현, 척도를 형성하게 된다. 따라서 우리는 인생의 중요한 순간을 기억하는 데 신경 써야 하며, 이를 위해 일기를 쓰는 것이 큰 도움이 된다.

09

고독으로부터 얻는 삶의 지혜

자기 자신에 대해 만족하고, 자신을 만물의 척도尺度라고 여기며, 아무것도 필요로 하지 않고 "내 모든 것은 나와 함께 있다"라고 말할 수 있는 것은 분명히 행복에 필요한 조건이다. 따라서 아리스토텔레스의 다음 말은 아무리 반복해도 지나치지 않다.

"행복은 우리 자신에게 달려있다."

이는 샹포르의 격언 '행복은 쉬운 일이 아니다'와 본질적으로 같은 사상이다. 행복은 우리의 내면에서 찾기 매우 어렵고, 다른 곳에서 찾는 것은 아예 불가능하다. 왜냐하면, 사람은 자기 자신 외에는 누구도 확실하게 의지할 수 없으며, 다른 사람과 관계를 맺음으로써 생기는 부담과 단점, 위험과 성가심은 셀 수 없이 많고 피할 수 없기 때문이다.

상류사회에서의 세속적 쾌락, 고급스러운 생활, 흥청망청한 삶처럼 행복으로부터 멀어져 가는 길은 없다. 그런 삶의 목적은 우리의 비참한 존재를 지속적인 쾌락과 향락, 방탕에 빠지도록 하는 것이지만, 이는 실망과 환상을 불러일으킬 수밖에 없다. 이와 관련된 필수 요소로, '거짓말의 교환'이 있다.

우리의 몸이 입고 있는 옷으로 가려져 있는 것처럼, 우리의 마음도 거짓말로 베일에 싸여 있다. 그 베일은 항상 존재하며, 그것을 통해서만 가끔 사람의 진짜 생각을 추측할 수 있다. 마치 입고 있는 옷을 보고 몸의 일반적인 형태를 추정할 수 있는 것처럼 말이다.

모든 사회는 필연적으로 구성원 간의 적응과 절제를, 그 사회가 존재하는 전제 조건으로 삼는다. 이는 사회가 커질수록 그 분위기가 더 무미건조해진다는 것을 의미한다. 사람은 혼자 있을 때만 진정한 '자기 자신'이 될 수 있으며, 고독을 사랑하지 않으면 자유도 사랑하지 못한다. 왜냐하면, 혼자 있을 때만이 진정으로 자유롭기 때문이다.

사회 속에서는 항상 제약이 동반되며, 이는 벗어날 수

없는 동반자와 같다. 한 사람의 개성이 강할수록 다른 사람들과의 상호작용이 요구하는 희생을 견디기가 어렵다. 고독은 개인의 가치에 따라 환영받거나, 견디거나, 피하게 된다. 비참한 사람은 혼자 있을 때 자신의 모든 고통을 느끼고, 지성인은 자신의 위대함을 즐기며, 결국 각자는 자기 자신이 되는 것이다.

또한, 한 사람이 높은 위치에 있다면, 그는 고독을 느끼는 것이 자연스럽고 불가피하다. 그의 주변 환경이 이 느낌을 방해하지 않는 것이 그에게는 이득이 된다. 만약 그가 자신과 비슷한 성향이 아닌 사람들을 많이 만나야 한다면, 그들은 그의 평온을 방해하고, 그를 혼란스럽게 할 것이다. 그들은 그에게서 자아를 빼앗고, 그 손실을 보상할 만한 것을 주지 못할 것이다.

자연은 사람들 간에 도덕성과 지적 능력으로 큰 차이를 두지만, 사회는 이를 무시하고 인간을 동등하게 취급하거나 인위적인 차이를 만들어낸다. 계급과 지위의 차이가 그것인데, 이는 종종 자연이 세운 차이와 정반대이다. 이러한 사회적 구조의 결과로 자연이 낮게 두었던 사람들을 높이고, 높은 위치에 있던 소수의 사람들을 낮춘다. 이로 인해 소수의 사람들은 사회에서 도피하기 쉽다. 사회 속에 사는 인간의 수가 많아지면 천박함이 지배하게 되기 때문이다.

위대한 지성인이 사회를 외면하는 주요 원인은, 본래 사회의 구성원에게는 능력에 따라 큰 격차가 있고, 사회적인 업적에 대해서도 큰 격차가 있는 것인데 평등한 권리와 요구를 강요당하기 때문이다. 소위 '좋은 사회'는 지성을 제외한 모든 종류의 주장을 인정하며, 지성은 불법품으로 취급된다. 사람들은 모든 형태의 어리석음과 무지, 삐뚤어진 행동과 둔함에 대해 무한한 인내를 보여야 한다.

반대로 개인의 특징은 허락받지 않으면 아예 숨겨야만 한다. 지적 우월성은 그 자체로 다른 사람에게 불쾌감을 주며, 이는 의도와 상관없이 발생한다. '좋은 사회'의 가장 나쁜 점은 우리가 도저히 칭찬이나 애정할 수 없는 사람들을 동반자로 삼아야 하는 것이다. 게다가 우리가 자신의 본성대로 사는 것을 허락하지 않으며, 오히려 다른 사람과의 조화를 위해 자신의 본성을 바꾸도록 강요한다.

지적 대화는 진지하든 유머러스하든 지적인 사회에서만 적합하다. 이는 보통 사람들에게는 전혀 맞지 않으며, 그들을 기쁘게 하려면 평범하고 지루해지는 것이 필수다. 이는 엄청난 자기희생을 요구한다. 다른 사람들과 같아지기 위해 자기 자신의 대부분을 포기해야 한다. 그 대신 다른 사람의 마음을 얻게 된다.

그러나 각자 독특한 가치를 가지면 가질수록 얻는 것이 잃는 것을 채우지 못한다. 오히려 자신의 행동은 불리한 것이라는 것을 알게 되며, 보통 사람들은 사람과의 사이에서 생기는 지루함, 성가심, 불쾌함을 보상할 수 없다. 이런 이유로 대부분의 사회는 고독을 팔고 스스로 얼굴을 내보일 때 큰 이익을 제공하는 구조로 되어 있다.

또한, '좋은 사회'에서는 지적 우월성을 지닌 사람들을 찾아볼 수 없으며, 이런 사람들을 싫어한다. 심지어 이런 우월성을 대신하여 임의의 원칙에 기반한 가짜 우월성을 채택한다. 이는 고위층에서 전해 내려오는 일종의 전통으로, 그릇된 규칙에 편승하여 계승되어 왔다. 이를 고상함이나 당대의 유행이라고 부른다. 그러나 가짜 우월성은 진짜 우월성과 충돌할 때 그 약점이 드러난다. 특히 고상한 모습을 나타내면 건전한 상식은 퇴각한다.

일반적으로 사람은 자기 자신 외에는 다른 사람과 완벽하게 일치할 수 없다. 친구나 인생의 동반자와도 마찬가지다. 각자의 개성과 기질의 차이는 항상 어느 정도의 불협화음不協和音을 가져온다. 그 차이가 매우 작을지라도 말이다.

진정으로 마음 깊은 곳의 평화와 영혼의 완전한 고요함은 건강 다음으로 이 세상이 줄 수 있는 최고의 축복이다. 이것은 오직 고독 속에서, 그리고 완전한 은둔 속에서만 영구永久적인 상태로 얻을 수 있다. 만약 그 사람의 내면이 위대하고 풍부하다면, 그의 삶은 이 비참한 세상에서 찾을 수 있는 가장 행복한 삶일 것이다.

솔직히 말하자면, 아무리 우정, 사랑, 결혼의 유대가 강해도 결국 사람은 자신의 행복 최대로는 자식의 행복만을 생각하게 된다. 사업이나 개인적인 친밀함 등의 관계에서 사람들과 접촉할 필요가 적을수록 더 나은 삶을 살 수 있다. 고독과 외로움에도 악영향이 있는 것은 사실이지만, 그 모든 것을 한꺼번에 느끼지는 않더라도 어디에 문제가 있는지 파악할 수 있다.

이런 점에서 사회는 매우 교묘하다. 겉으로는 즐거운 사회적 교류를 제공하는 것처럼 보이지만, 큰 해악을 끼치며 종종 돌이킬 수 없는 손해를 초래한다. 그러므로 젊은이들은 일찍부터 혼자 있는 것을 견디는 훈련을 해야 한다. 이는 행복과 평온의 원천이기 때문이다. 따라서 자기 자신에게 의존하고 스스로 모든 것을 해결할 수 있는 사람이 가장 행복하다.

이에 대해 키케로Marcus Tullius Cicero는 이렇게 말했다.

"완전히 자기 자신에 의해 좌우되며, 모든 것을 자기 자신 속에서 찾는 사람은 행복할 수밖에 없다."

이렇듯 자신 안에 많은 것을 가지고 있을수록, 다른 사람들은 그에게 더 이상 문제가 되지 않는다. 자기 자신 속에 큰 가치를 지닌 사람들은 세상과의 교류에서 요구되는 큰 희생으로부터, 그리고 자신을 희생하며 그것을 찾기 위해 노력하는 것으로부터 막아주는 것이다. 이와 반대로 보통 사람들은 너무나 사교적이고 유순하다. 그들은 다른 사람들과 함께 있는 것이 자기 자신을 견디는 것보다 더 쉬운 일이다.

게다가 이 세상에서는 실제로 공로功勞가 있는 사람보다는 그렇지 않은 사람에게 존경이 주어진다. 그래서 은둔은 공로 있는 자질을 가진 사람의 증거이자 결과가 된다. 따라서 자기 자신의 가치를 아는 사람이라면 자유를 유지하거나 확장하기 위해 필요한 만큼 요구를 제한하고, 사람들과의 관계에서 가능한 한 친밀함을 줄이는 것이 진정한 지혜가 될 것이다.

또한, 인간을 사교적으로 만드는 것은 그들이 고독, 즉 자기 자신과의 시간을 견디지 못하기 때문이다. 그들은 자기 자신에게 싫증을 느낀다. 이 영혼의 공허함이 그들을 다른 사람들과의 교류로, 외국 여행으로 내몬다. 그들의 마음은 탄력성이 부족하여 스스로 움직이지 못하고, 그런 까닭에 술을 마시며 공허함을 채우려고 한다.

얼마나 많은 사람들이 이런 이유만으로 술에 취하는가! 그들은 항상 자신과 비슷한 사람들과 함께 있을 때 느끼는 강한 자극을 찾고, 이를 찾지 못하면 마음이 무거워져 심각한 무기력 상태에 빠진다. 이런 자극이 없으면 그들의 정신은 자신의 무게에 짓눌리는 무감각 속으로 전락한다. 그래서 많은 사람들이 모여야 어느 정도의 인간 의식을 이룰 수 있다. 반면 탁월한 사람은 자기 자신만으로 완전하다.

이런 점에서 사회는 오케스트라의 악기 중 호른의 음과 매우 비슷하다. 호른은 단 하나의 음만 낼 수 있으며, 오케스트라 음악은 각 음이 정확한 순간에 들어옴으로써 만들어진다. 단조로운 호른 소리는 대부분 사람들의 마음이 주는 효과를 정확히 보여준다. 얼마나 자주 한 가지 생각만 있는 것처럼 보이는가! 다른 생각이 들어갈 여지가 없다.

사람들이 왜 그렇게 지루해하는지, 왜 그들이 사교적이

고 군중 속에 있는 것을 좋아하는지 이해하기 쉽다. 바로 자신의 단조로움 때문에 다른 사람들이 고독을 참기 어려워하는 것이다. "모든 어리석음은 자기 자신에 대한 지루함으로 고통받는다"라는 말이 거짓은 아니다. 단지 많은 사람들을 모아놓으면, 약간의 결과를 얻을 수 있을지도 모른다. 호른을 통해서 오케스트라 음악이 완성되는 것처럼 말이다!

반대로 지성인은 혼자서 연주회를 여는 예술가와 같다. 예를 들어 피아노라는 하나의 악기만으로, 그것 자체가 작은 오케스트라인 것이다. 이런 사람은 자기 자신만으로도 작은 세계와 같다. 여러 악기가 함께 내는 효과를 자신의 의식의 통일성 안에서 혼자 만들어낸다. 피아노처럼, 그는 심포니Symphony 속에 자리할 곳이 없다. 그는 솔리스트Soliste로 혼자 연주하거나, 다른 악기와 함께 있을 때는 주도적인 역할을 하거나, 노래에서 톤을 설정하는 역할을 한다.

그러나 가끔 사교를 좋아하는 사람들은 이 비유를 통해 일반적인 규칙을 세울 수 있다. 우리가 만나는 사람들의 질적인 부족함은 어느 정도 양적인 증가로 보완될 수 있다. 탁월한 사람이 단 한 명만 있어도 충분하겠지만, 평범한 사람들만 상대해야 할 때는 많은 사람들이 함께 교류하게끔

하는 것이 바람직하다. 호른의 비유를 따르자면 말이다. 그렇게 된다면 부디 하늘이 당신에게 인내심을 주기를 바란다!

군중 속에서 얻는 정신적 공허함과 영혼의 빈곤함은 또 다른 불행을 초래한다. 더 나은 계층의 사람들이 어떤 고귀한, 또는 이상적인 목표를 촉진하기 위해 사회를 형성할 때, 그 결과는 거의 항상 수많은 사람이 해충처럼 몰려드는 것과 같다. 그들은 지루함이나 자신의 본성에서 나오는 다른 결함을 없애기 위해 어떤 것이든 붙잡는다. 그들 중 일부는 그 사회에 슬며시 들어가거나 밀고 들어가서, 결국 그 사회를 완전히 파괴하거나, 전혀 반대의 목적을 가지게 만든다.

사회적 충동을 바라보는 관점은 이것뿐만이 아니다. 추운 날 사람들이 모여서 따뜻함을 얻는 것처럼, 다른 사람들과 접촉함으로써 마음을 따뜻하게 할 수 있다. 그러나 지적 온기가 많은 사람은 그러한 자원이 필요하지 않다. 나는 이것을 설명하는 작은 우화를 썼는데, 다른 곳에서 찾아볼 수 있다. 일반적으로 사람의 사교성은 그의 지적 가치와 거의 반비례한다고 할 수 있다. 즉 "저 사람은 아주 비사교적이다"라고 말하는 것은, 그가 뛰어난 능력을 지닌 사람이라고 말하는 것과 거의 같다.

고독은 그런 사람에게 두 가지 면에서 유익하다. 첫째

로, 그는 자기 자신일 수 있고, 둘째로, 다른 사람들과 함께 있지 않아도 된다. 이는 매우 중요한 장점이다. 왜냐하면, 세상과의 모든 교류에는 얼마나 많은 제약, 성가심, 심지어 위험까지 생기는 것을 생각하면 납득이 간다. 이에 대해 라 브뤼예르La Bruyere는 다음과 같이 말했다.

"우리의 모든 불행은 혼자 있을 수 없음에서 온다."

사교적이라는 것은 매우 위험하고 사람을 파멸로 이끄는 욕구이다. 도덕적으로 나쁘고, 지적으로 둔하거나 왜곡된 성향을 가진 사람들과 접촉하는 것을 의미하기 때문이다. 비사교적이라는 것은 그런 사람들에 대해 신경 쓰지 않는다는 뜻이며, 스스로 충분한 것을 가지고 있어서 사교를 필요로 하지 않는다는 것은 큰 행복이다. 대부분 모든 고통은 다른 사람들과의 관계에서 비롯되며, 이는 내가 말했듯이 행복의 요소 중 건강 다음으로 중요한 마음의 평화를 파괴한다. 마음의 평화는 혼자서 충분히 고독과 씨름하지 않고서는 얻을 수 없다.

견유학파는 마음의 평화에 의한 행복을 얻기 위해 모든 소유물을 포기했다. 그들과 같은 목적으로 사교를 포기하는 것은 사람이 할 수 있는 가장 현명한 일이다. 베르나르댕 드 생피에르Bernardin de Saint-Pierre는 다음과 같이 말했다.

> **"음식을 절제함으로써 육체적 건강을 얻을 수 있듯이, 사람과 사귀는 것을 제한함으로써 마음의 평화를 얻을 수 있다."**

고독과 빠르게 친밀해지거나 심지어 애정을 가지는 것은 금광을 발견하는 것과 같다. 하지만 이는 모든 사람이 할 수 있는 일이 아니다. 사회적 교류의 주요 이유는 상호 필요성 때문이며, 그 필요가 충족되면 무료함이 사람들을 다시 모이게 한다. 이 두 가지 이유가 아니라면 대부분의 사람들은 혼자 남는 것을 선택할 것이다. 왜냐하면, 고독만이 자신을 세상에서 유일한 사람처럼 여기는 배타적 중요성을 충분히 느끼게 해주는 유일한 상태이기 때문이다.

그러나 현실의 삶에서 고독은, 자신이 아무것도 아닌 것처럼 위축되고, 매 순간 스스로를 부정해야 하는 상황에 직면하게 된다. 이런 관점에서 보면, 고독은 인간의 원초적이고 자연스러운 상태라고 할 수 있다. 이를테면 또 다른 아담Adam처럼 자신의 본성이 허락하는 한 최대한 행복하게 지낼 수 있는 것이다.

그런데 인류 최초의 사람인 아담은 부모도 없었다. 즉 또 다른 관점에서 고독은 사람에게 자연스러운 상태가 아니라는 의미다. 사람은 세상에 태어날 때 부모, 형제자매, 즉 사회 속에서 태어나지 혼자 태어나는 것이 아니다. 따라서 고독을 사랑하는 것이 인간 본래의 특성이라고 할 수 없다. 오히려 이는 경험과 성찰의 결과이며, 이들은 지적 능력의 발전에 의존하고 나이가 들수록 증가한다.

일반적으로 사교성은 나이와 반비례한다. 어린아이는 잠시라도 혼자 두면 두려워서 울음을 터뜨리고, 혼자 있는 것은 큰 벌이 된다. 젊은 사람들은 서로 금방 친해진다. 그들 중 소수의 고결한 마음을 가진 이들만이 가끔 혼자 있는 것을 기뻐하지만, 온종일 혼자 있는 것은 싫어한다. 성인이 되면 혼자 있는 것이 쉽고, 나이가 들수록 혼자 있는 것이 더 편해진다. 친구들을 모두 잃고 인생의 즐거움에 무관심하거나 흥미를 잃은 노인은 고독 속에서 가장 자연스럽다. 개별적으로 은둔과 고독을 선호하는 경향은 항상 지적 능력에 비례할 것이다.

이런 경향은 앞서 말한 것처럼 순전히 자연적인 것은 아니다. 이는 인간 본성의 직접적인 필요에서 비롯된 것이 아니라 우리가 겪는 경험의 결과이며, 우리의 진정한 필요가 무엇인지를 반성한 결과이다. 특히, 대부분의 사람들이 도덕적으로나 지적으로 형편없는 상태에 있다는 것을 통찰한 결과에서 비롯된다. 대다수의 사람들에게 가장 문제가 되는 것은 이들 개개인의 도덕적, 지적 결함이 밀접하게 연결되어 서로를 보완하면서 대부분의 사람들과의 교류를 불쾌할 뿐만 아니라 참기 어렵게 만든다는 점이다.

이 세상에는 많은 악이 있지만, 그중에서도 가장 나쁜 것은 바로 사회이다. 심지어 사교적이었던 프랑스인 볼테르도 다음과 같이 말했다.

"이 세상에는 이야기를 나눌 가치가 없는 사람들로 가득 차 있다."

고독을 꾸준하게 사랑했으며, 부드러운 영혼을 지닌 페트라르카Francesco Petrarca도 혼자 있고 싶어 하는 이유를 다음과 같이 노래했다.

"나는 항상 고독한 삶을 추구해왔다.
(시냇물, 들판, 숲은 이런 삶을 알고 있다.)
나는 저 어리석은 사람들로부터 도망쳐왔다.
그들과 함께 있으면, 나는 광명光明의 길을 택할 수가 없다."

그는 자신의 저서《고독한 삶에 대하여》라는 아름다운 책에서 같은 주제를 이어갔다. 짐머만Zimmeman은 이 책에서 착상着想을 얻어 유명한 저서《고독》을 집필했다. 또 샹포르는 비사교성은 이차적이고 간접적으로 발생한다는 것에 대해 다음과 같이 말했다.

"어떤 사람이 고독하게 지낸다고 해서 그가 사회를 싫어한다고 말하는 것은, 밤에 숲으로 산책하는 것을 꺼린다고 해서 그가 산책을 싫어한다고 말하는 것과 같은 것이다."

페르시아의 시인 사디Sadi도《장미정원》에서 다음과 같은 표현으로 비슷한 감정을 전했다.

"그 이후로 우리는 사회와 작별을 고하고, 고독의 길을 선호하게 되었다. 고독 속에서 안전을 찾을 수 있기 때문이다."

매우 온화하고 경건한 작가인 앙겔루스Angelus Silesius도 자신의 신화적 언어로 같은 감정을 고백한다.

"요셉은 분별이며, 헤롯은 적이다. 하나님은 요셉의 꿈(영혼)속에서 위험을 알려주었다. 베들레헴은 인간의 세상이고, 이집트는 고독의 세상이다. 나의 영혼이여! 도망쳐라. 그렇지 않으면 너는 고통으로 죽게 될 것이다."

지오다노 브루노Giordano Bruno도 같은 취지에서 다음과 같이 말했다.

"이 세상에서 천국과 같은 삶을 맛보려는 사람들 대부분이 '보라, 나는 오랫동안 고독 속에 살고 있다'라고 말했다"

또한, 사디는 이번에는 자신의 상황에 대해《장미정원》에서 이렇게 말했다.

"나는 다마스쿠스에서 친구들에게 환멸을 느껴 예루살렘 근처의 사막으로 물러나 들짐승들의 사회를 찾았다."

요컨대 프로메테우스Prometheus가 더 좋은 흙으로 빚어 만든 사람들은 모두 똑같은 말을 하고 있다. 그들이 자신의 본성 속에서 가장 저급하고 덜 고귀한 부분, 즉 평범하고 하찮으며 저속한 본성을 공유하는 사람들과 함께하는 데서 무슨 즐거움을 찾을 수 있겠는가? 더 높은 수준으로 올라갈 수 없는 사람들과 무엇을 하겠는가? 그런 사람들은 남들을 자신의 수준으로 끌어내리려 할 뿐이다. 이 고독과 은둔에 대한 경향은 귀족적인 감정에서 비롯된 것이다. 안타깝지만 세상의 보통 사람들은 모두 사교적이다.

반대로 높은 수준의 사람들은 다른 사람들과의 교류에서 거의 즐거움을 느끼지 못한다. 그들은 점점 더 고독을 선호하게 되고, 시간이 지나면 세상이 고독과 저속함 외에는 선택의 여지를 제공하지 않는다는 것을 깨닫게 된다. 이는 가혹한 말처럼 들릴 수 있지만, 기독교적 온화함과 사랑을 가진 앙겔루스조차 엄한 어조로 다음과 같이 말했다.

"고독은 필요하다. 절대로 세속에 빠져서는 안 된다. 그러면 어디에서나 사막을 찾을 수 있다."

위대한 마음을 가진 사람들, 즉 인류의 진정한 교사들

은 다른 사람들과 끊임없이 함께하는 것에 대해 별로 신경 쓰지 않는 것이 자연스럽다. 이는 마치 학교 교사가 자신을 둘러싼 소란스러운 아이들의 장난에 참여하고 싶어 하지 않는 것과 같다. 이 위대한 마음의 사명은 인류를 오류의 바다에서 진리의 항구로 안내하고, 야만적이고 저속한 어둠의 심연에서 문화와 세련됨의 빛으로 이끌어내는 것이다.

위대한 지성을 가진 사람들은 세상에 살지만, 실제로는 세상에 속하지 않는다. 그래서 어린 시절부터 그들은 자신과 다른 사람들 사이에 눈에 띄는 차이가 있음을 느낀다. 그러나 그들은 시간이 지나면서 점차 자신의 위치를 명확하게 이해하게 된다. 그들의 지적 고립은 생활 방식에서 실제적인 고독으로 강화된다. 그들은 지배적인 저속함에서 어느 정도 벗어난 사람 외에는 아무도 가까이 두지 않는다.

앞에서 말한 것에서 알 수 있듯이, 고독을 사랑하는 것은 인간 본성에 내재된 직접적이고 본래적인 충동이 아니라, 오히려 점진적으로 성장하는 이차적인 것이다. 이는 고귀한 마음의 두드러진 특징으로, 자연적 욕망을 어느 정도 극복함으로써 발전된 것이다. 때로는 메피스토펠레스 Mephistopheles(악마)의 유혹에 반대하여 발전된다. 메피스토펠레스는 삶을 사람들 사이에서, 즉 사회에서 보내라고 유혹하며, 심지어 최악의 사회도 인간의 동료애를 느끼게 해 준다고 말한다.

"그만 고뇌에서 벗어나라. 고뇌는 독수리처럼 네 삶을 파먹는다. 아무리 최악의 사회라도 그대를 인간으로 느끼게 해준다. 사람들과 함께 있는 인간이라는 것을."

고독은 탁월한 정신을 소유한 모두의 운명이다. 때로는 한탄할 만한 운명이지만, 항상 두 가지 악 중 덜 고통스러운 쪽으로 선택된다. 나이가 들수록 '지혜를 가질 용기를 가져라'라는 말을 하기가 더 쉬워진다. 60세 이후에는 고독을 찾는 것이 자연스러운 본능으로 자리 잡아 모든 것이 고독을 선호하게 만든다. 사교의 강한 욕구나 여자를 원하는 심정, 성욕도 거의 영향을 받지 않는다. 나이가 들면서 남녀의 구별이 없어지는 상태는 어느 정도의 자기 충족감을 형성하고, 점차 다른 사람과의 교류에 대한 욕망을 흡수한다.

노년에는 수많은 환상과 어리석음이 극복되고, 대부분 인생의 활기찬 시기가 지나가 헛된 기대나 계획, 의도가 없다. 자신이 속했던 세대는 사라져 새로운 세대가 그를, 그들의 활동 영역 밖의 사람으로 여긴다. 그리고 나이가 들수록 시간이 더 빨리 지나가므로 남은 시간은 지적인 삶을 추구하며 살고 싶어한다.

우리의 마음이 제 기능을 유지하는 한, 우리가 습득한 지식과 경험, 그리고 능력 사용의 숙달은 어느 주제든 공부하는 것을 그 어느 때보다 쉽고 흥미롭게 만든다. 이전에 모호했던 수많은 것들이 이제는 명확해지고, 어려움을 극복한 결과들이 만족감을 준다. 경험을 통해서 우리는 사람들에게 큰 기대를 하지 않게 된다. 가까이서 알게 되어도 사람들이 대체로 더 나아 보이지 않는다는 것을 알게 된다.

몇몇 희귀하고 운 좋은 예외를 제외하고는, 우리는 결함이 있는 인간 표본만을 만나왔고, 그들을 평화롭게 내버려 두는 것이 바람직하다는 것을 알게 된다. 이제는 인생의 평범한 환상에 휘둘리지 않으며, 개별 사례에서 우리는 그 사람이 어떤 사람인지 금방 파악할 수 있게 되어, 그와 더 가까운 관계를 맺고 싶어 하지 않게 된다. 결국, 고립되고 고독은 마치 두 번째 본성이 된다.

특히 젊을 때부터 고독과 친숙했다면 더욱 그렇다. 이전에는 사회에 대한 욕구를 희생해서만 누릴 수 있었던 고독에 대한 사랑이, 이제는 자연스러운 성향이 되어 마치 물

고기에게 물이 그러하듯, 우리의 삶에 적합한 요소가 된다. 따라서 탁월한 사람, 즉 다른 사람들과 다르며 필연적으로 고립된 사람은 나이가 들수록 젊었을 때보다 한결 마음이 가벼워지는 것을 느낀다.

이러한 노년의 현실적인 특권을 많이 갖는가 적게 갖는가 하는 것은, 누구나 각자 갖고 있는 지성에 의해 정해진다. 이는 정신적 능력이 큰 사람이 가장 많이 얻지만, 빈약하고 저속한 본성을 가진 사람들은 젊었을 때와 마찬가지로 나이 들어서도 사교적일 것이다. 하지만 그런 사람들은 사교계에서 성가신 존재가 되고, 젊었을 때는 많은 인기를 끌었지만, 이제는 겨우 참아줄 정도로만 여겨지게 된다.

나이와 사교성의 반비례 관계에는 교육적인 측면도 있다. 사람은 젊을수록 여러 면에서 배워야 할 것이 많고, 청소년기에는 자연이 마련한 상호 교육 시스템이 있어 단순히 다른 사람들과의 교류만으로도 많은 것을 배울 수 있다. 이런 관점에서 인간 사회는 벨, 랭커스터 식 교육 시설과 같다. 이는 책이나 학교를 통한 교육에 반대되는 자연의 본래 제도이다. 따라서 젊은 시절에 사람들은 자연이 제공하는 학습 장소에서 매우 부지런한 학생이 되는 것이 적절하다.

호라티우스의 '완벽한 행복은 없다'라는 말과 인도의

'연꽃에는 줄기가 있다'라는 속담처럼, 고독은 많은 장점이 있는 동시에 약간의 불편함과 단점도 있다. 하지만 이는 사회의 단점에 비하면 사소한 것들이다. 따라서 스스로 가치 있는 사람은 다른 사람들 없이도 잘 지낼 수 있다. 고독의 단점 중에서 다른 것만큼 명확하지 않은 것이 있다. 온종일 집안에서 지내면 우리의 육체는 외부 영향에 민감해져서 조금이라도 찬 공기를 쐬어도 쉽게 병에 걸릴 수 있다.

우리의 마음도 마찬가지이다. 오랜 고독은 우리의 감정을 매우 예민하게 만들어서, 사소한 사건, 말, 심지어는 표정까지도 우리를 불편하게 하거나 화나게 만들 수 있다. 이는 일상적인 삶의 소란 속에서 사는 사람들은 거의 알아차리지 못하는 것이다. 인간 사회가 불쾌하다고 느끼고 고독으로 도망가고 싶을 때, 특히 젊은 시절에는 고독의 우울함을 오래 견디기 어려울 것이다.

그래서 나는 당신이 사회 속에서도 어느 정도 고독을 유지하는 습관을 들이기를 권한다. 사람들과 함께 있어도 어느 정도 혼자 있는 법을 배우고, 즉각적으로 당신의 생각을 말하지 않으며, 다른 사람들의 말에 너무 큰 의미를 부여하지 않기를 바란다. 도덕적이나 지적으로 너무 많은 기대를 하지 말고, 그들의 의견에 무관심해지는 법을 배우라. 이는 언제나 칭찬할 만한 관용寬容을 실천할 수 있는 가장 확실한 방법이다.

이렇게 하면, 당신은 겉으로는 사람들 사이에서 지내는 것처럼 보이지만, 실제로는 그들과 함께 하는 것이 아니다. 당신과 그들의 관계는 순전히 객관적인 성격을 띨 것이다. 이렇게 함으로써 사회와 가까이 접촉할 염려가 없어지며, 사회로 인해 오염되거나 상처받는 것으로부터 자신을 지킬 수 있다. 이런 점에서 사회는 불과 같다. 현명한 사람은 적절한 거리에서 불을 쬐지만, 어리석은 사람은 너무 가깝게 불을 쬐다가 데인다. 그리고는 멀리 도망가서 추위에 떨며 불이 뜨겁다고 불평한다.

10

질투는 항상 사람들 사이에 존재한다

인간에게 질투는 자연스러운 감정이지만, 동시에 부도덕하고 고통의 원천이기도 하다. 따라서 우리는 질투를 행복의 적으로 여기고, 나쁜 생각을 억누르듯 질투를 억눌러야 한다. 세네카는 다음과 같은 말로 우리에게 가르침을 준다.

"사람은 자신이 가진 것과 다른 사람의 것을 비교하지 말고 기뻐해야 한다. 자신보다 더 행복한 사람을 보며 괴로워하는 사람은 결코 행복해질 수 없다."

그리고 다음과 같은 말을 덧붙인다.

"자신보다 나은 사람들이 많이 있다면, 자신보다 못한 사람들도 많이 있다는 것을 생각하라."

실제로 재난이 닥쳤을 때 더 큰 불행을 생각하는 것은 우리에게 위안을 준다. 그다음으로 우리와 같은 상황에 있는 사람들, 불운을 겪는 사람들과 슬픔을 나누는 것에서 위안을 받을 수 있다.

앞서 다른 사람에게 느낄 수 있는 질투를 이야기했다면, 이제 우리가 다른 사람에게 유발할 수 있는 질투에 대해 생각해 보자. 질투에서 비롯된 증오만큼 무자비한 증오는 없다. 따라서 우리는 항상 질투를 일으키는 행동을 신중하게 피해야 한다. 다른 많은 부도덕한 행동들과 마찬가지로, 질투로 인한 즐거움이 있을지라도, 심각한 결과를 고려하여 질투의 즐거움을 포기하는 것이 더 낫다.

귀족에는 세 가지 부류가 있다. 첫째는 출생과 지위에 의한 귀족, 둘째는 부에 의한 귀족, 셋째는 지성에 의한 귀족이다. 세 번째 귀족이 가장 고귀하며, 시간이 지남에 따라 인정을 받게 된다. 프리드리히 대왕Frederick the Great도 "탁월한 지성을 지닌 사람은 왕과 동등하다"라고 말했는데, 이는 볼테르가 연회에 초대되었을 때 왕족의 자리에 앉아 있는 것에 놀란 궁중 장관에게 한 말이다.

모든 귀족 사회는 질투하는 사람들로 둘러싸여 있다. 당신이 그중 하나에 속한다면, 그들은 비밀리에 당신을 원망할 것이다. 그들이 두려움으로 억제되지 않는다면 "당신이 그들보다 나을 것이 없다"라고 말하며 알릴 것이다. 그들이 당신에게 이를 알리려는 열망은, 실제로는 그 반대가 진실이라는 것을 얼마나 강하게 느끼고 있는지를 드러내는 행위다.

질투를 받을 때 취해야 할 행동 방침은 질투하는 사람들을 멀리하고, 가능한 한 그들과의 접촉을 피하는 것이다. 당신과 그들 사이에 큰 간격을 두는 것이 좋다. 만약 이것이 불가능하다면, 그들의 공격에도 태연하게 참아야 한다. 그렇게 하면 그들이 가진 질투의 원천에 의한 공격을 무효화시킬 수 있다. 이는 대부분의 사람들이 취하는 방식으로 귀족 사회의 구성원들은 서로 질투할 필요가 없다. 그들의 여러 특권이 균형을 이루기 때문이다.

11

불행에 대한 책임은 자신에게 있다

자신의 계획을 실행하기 전에 반복해서 고려하고, 철저히 검토한 후에도 인간의 인식은 불완전하다는 것을 알게 된다. 인간의 인식은 불완전해서 예측할 수가 없다. 이렇게 되면 어떤 계산에도 잘못된 답이 나오게 된다. 이것은 중요하지 않은 일을 불필요하게 실행하지 말라는 경고와 같다. "조용히 있는 것을 건드려 움직이게 하지 말라"는 말이 있다. 그러나 한 번 마음을 정하고 일을 시작했다면, 그 일이 어떻게 진행되든 결과를 받아들여야 한다.

이미 완료된 일에 대해 새로운 고민을 하거나 가능한 위험에 대한 걱정을 다시 하지 말아야 한다. 그 주제에서 완전히 벗어나 마음을 비우고, 적절한 시기에 충분히 고려했다는 생각에 안심해야 한다. 이탈리아 속담에 "고삐를 잘

채우라. 그리고 당나귀를 달리게 하라"라는 말이 있다. 그런데 아무리 깊게 생각하고 실행한 일도 결과적으로 실패한다면, 이는 인간의 일이 우연과 실수에 따라 좌우되기 때문이다.

가장 지혜로운 사람인 소크라테스Socrates조차 자신의 개인적인 일에서 올바른 결정을 내리려고 할 때, 자신의 내부(양심)에서 들려오는 경고의 음성이 필요했다. 이는 이런 문제를 다룰 때 인간의 지성만으로는 충분하지 않다는 것을 시사하는 것이다. 어떤 교황을 통해서 유래한 것으로 전해지는 속담이 있다.

"불행이 우리에게 닥칠 때, 그 책임은 어느 정도 우리 자신에게 있다."

이 말이 절대적이고 모든 사람에게 해당하는 것은 아니지만, 대다수의 경우에는 확실히 그렇다. 사람들은 불행을 가능한 한 숨기고, 불행이 자신에게 얼마나 책임이 있는지를 드러낼까 봐 두려워 최선을 다해 좋은 모습으로 보이려고 한다. 이는 '불행은 자신의 탓'이라는 말과 관련 있는 것처럼 보인다.

12

불행을 겪은 사람이 현명해질 수 있다

이미 일어난 불행에 대해서 그것이 다르게 일어날 수 있었다거나, 특정한 방법으로 피할 수 있었을 것이라는 생각을 하지 말아야 한다. 이러한 생각은 고통을 더할 뿐이며, 자기 자신을 괴롭히는 상황을 만들 뿐이다. 차라리 다윗 왕King David의 예를 따르는 것이 좋다. 다윗 왕은 아들이 병상에 누워 있을 때는 끊임없이 여호와(하나님)에게 아들의 회복을 간구했지만, 아들이 죽고 나자 더 이상 그것에 대해 생각하지 않았다.

만약 일어난 불행에 대해 가볍게 넘길 수 없다면, 운명론에 기대어 모든 일이 필연의 결과이며, 따라서 불가피하다는 진리를 받아들이는 것도 좋다. 이 조언은 불행을 당했을 때 일시적으로 우리를 위로하고 안정시키는 데는 충분히 효과적이지만, 대부분 불행은 우리의 부주의나 어리석음, 우리의 잘못에서 비롯된 경우가 많다. 따라서 어떻게 하면 불행을 피할 수 있었는지를 자주 생각해 보는 것이 좋다.

이는 우리의 잘못을 인식하고, 미래에 더 나은 사람이 되기 위한 유익한 자기 훈련이다. 명백한 실수를 저질렀다면, 이를 덮어버리거나 변명하려 하지 말고, 우리가 얼마나 큰 잘못을 저질렀는지 솔직히 인정해야 한다. 그래야만 앞으로 그런 실수를 피할 수 있도록 단단히 결심할 수 있다. 물론 이는 자기 자신에 대한 불만을 가진다는 자괴감을 수반한다. 하지만 불행을 겪지 못한 사람은 현명해지지 못한다는 사실을 기억해야 한다.

13

공상에서 벗어나 자신만의 삶을 살라

우리의 행복이나 불행에 대한 모든 것에 실현 가능성이 없는 공상空相을 억제해야 한다. 즉 머릿속에 공중누각空中樓閣을 세우지 말아야 한다. 공중누각을 세우자마자 곧바로 허물어야 하는데, 이는 슬픔의 원천이 되기 때문이다. 그러니 가능성 있는 불행을 상상하여 마음을 괴롭히지 않도록 해야 한다.

만약 이러한 불행이 순전히 상상의 산물이거나, 가능성이 희박하다면, 우리는 몽상夢想에서 깨어났을 때 모든 것이 단순한 환상에 불과하다는 것을 알 수 있으며, 그보다 훨씬 나은 현실에 기뻐할 것이다. 또한, 지금은 멀리 있지만 일어날 가능성이 있는 온갖 불행에 대비하여 경계하는 마음을 가지게 될 것이다. 이러한 종류의 상상은 우리가 한

가할 때 멋지게 공중누각을 세우는 것에 불과하다.

우울한 몽상의 재료는 실제 우리를 어느 정도 위협하는 불행한 사건이다. 우리의 공상은 비록 그것이 멀리 있어도 실제보다 더 크게, 더 가까이, 더 무섭게 머릿속에 그린다. 이런 꿈에 사로잡히면 설령 깨어났다고 해도 기분 좋은 꿈처럼 깨어나자마자 사라지지 않는다. 왜냐하면, 기분 좋은 꿈은 현실과 어긋날 것이 분명하며 고작해야 가능성 속에 약간의 희망을 남기기 때문이다. 그것이 실현될 가능성이 항상 있으므로 우울한 공상은 쉽게 사라지지 않는다.

그러나 우리는 그 가능성의 정도를 정확하게 평가할 수 없으며, 이런 가능성은 쉽게 개연성으로 변하기 때문에 우리는 불안을 자초하게 된다. 따라서 우리는 행복이나 불행에 영향을 미치는 문제에 대해서는 과도하게 걱정하지 않도록 주의해야 한다. 즉 단순한 개념과 추상적인 문제인 것처럼 냉정하고 침착하게 숙고해야 한다. 공상은 실현 가능성이 없는 상상을 불러일으킨다.

특히 저녁 시간에 이 규칙을 지켜야 한다. 어둠이 우리에게 두려움을 주고, 모든 곳에서 무서운 형상을 보게 만들듯이, 불분명한 생각도 비슷한 효과를 가져온다. 불확실성은 항상 위험의 느낌을 동반한다. 따라서 저녁이 되면 우리의 사고력과 판단력이 약해지며, 마치 주관적인 어둠의 시간처럼 지성이 피곤해지고, 쉽게 혼란스러워져서 사물의 본질을 파악하기 어렵게 된다.

이런 상태에서 개인적인 문제를 숙고하면 곧바로 그것들이 위험하고 무서운 모습으로 변한다. 이는 대부분 밤에 우리가 침대에 있을 때 나타나는데, 마음은 완전히 풀려 있고, 판단력은 제 역할을 하기 어렵지만, 공상은 여전히 깨어 있다. 밤은 모든 것을 검게 보이게 만들기 때문에 우리가 잠들기 직전이나 밤새 깨어 있을 때의 생각이 꿈처럼 혼란스럽고 왜곡된다. 특히 그런 시간에 우리의 생각이 개인적인 문제에 집중되면, 그것들은 음산하고 무서운 모습으로 나타난다.

아침이 되면 그런 악몽 같은 생각들은 꿈처럼 사라진다. 이것을 스페인 속담으로 '밤은 검고, 낮은 하얗다'라고 표현한다. 밤이 되면 마음은 눈과 마찬가지로 낮만큼 명확하게 보지 못한다. 특히 불쾌한 주제에 대해 생각하기에 적합하지 않은 시간이다. 아침이야말로 그런 고민을 하기 적합한 시간이며, 정신적, 육체적 노력을 포함한 모든 일에 예외 없이 적합한 시간이다.

아침은 하루의 젊음으로, 모든 것이 밝고 신선하며 쉽

게 달성할 수 있어서다. 우리는 그때 모든 능력을 완전히 활용할 수 있다. 그러니 늦게 일어나 아침 시간을 짧게 하지 말고, 가치 없는 일이나 대화로 낭비하지 말라. 아침을 인생의 정수로, 어느 정도 신성한 시간으로 여겨라. 반면 저녁은 노년과 같아서 무기력하고, 말이 많아지며, 어리석어지기 쉽다.

하루는 작은 인생과 같고, 매일 깨어나고 일어나는 것은 작은 탄생이며, 매일 새로운 아침은 작은 젊음, 매일 쉬고 잠드는 것은 작은 죽음이다. 물론 일반적으로는 건강 상태, 수면, 영양, 온도, 날씨, 주변 환경 등 순전히 외부적인 요소들이 우리의 기분과 생각에 큰 영향을 미친다. 그래서 어떤 문제에 대한 우리의 관점이나 작업에 대한 능력은 시간과 장소에 매우 좌우된다.

따라서 좋은 기분을 잘 활용하는 것이 가장 좋다. 좋은 기분은 정말 드물게 찾아온다. 그래서 괴테는 다음과 같이 말했다.

"좋은 기분을 포착하라. 왜냐하면, 좀처럼 오지 않기 때문이다."

우리는 생각대로 또는 마음이 내킬 때마다 독창적인 생각을 할 수 없다. 그리고 개인적인 문제를 생각할 때도 미리 정해둔 정확한 시간에 꼭 그렇게 할 수 있는 것도 아니다. 시간 자체가 자기에 유리한 시간을 택하며, 그럴 때는 특별한 사고 흐름이 아무런 특별한 요구 없이 갑자기 활성화될 수 있다. 공상을 억제하는 것이 중요하다. 과거의 불행을 떠올리거나, 우리가 겪은 부당한 일, 손해, 모욕, 경멸과 같은 일들을 어둡게 그리며 되새기는 것은 좋지 않다. 이런 행동은 오랫동안 잠들어 있던 증오와 분노를 다시 불러일으켜 우리의 본성을 어지럽히고 더럽힌다.

신新 플라톤주의자 프로클로스Proclus Lycius는 훌륭한 비유를 통해, 모든 도시에 부유하고 명망 있는 사람들 옆에 폭도가 거주하듯이, 모든 사람의 깊은 곳에는 저속하고 천박한 욕망의 폭도가 존재한다고 말한다. 이 폭도가 반란을 일으키거나, 심지어 숨겨진 곳에서 모습을 드러내는 일은 용납되어서는 안 된다. 이 폭도의 지도자는 바로 우리가 상상하는 온갖 부정적인 생각들이다. 작은 짜증이라도 그것을 계속 생각하고 가장 두드러진 색과 큰 규모로 그리면, 끔찍한 모습의 괴물로 부풀어 올라 우리를 혼란에 빠뜨린다. 오히려 차분하고 평범한 시각으로 불쾌한 일을 바라보는 것이 가장 쉽게 견디는 방법이다.

작은 물체를 눈 가까이에 대면 시야가 제한되어 세상을 볼 수 없게 된다. 마찬가지로 아무리 사소하고 무의미한 일이라도 눈앞에 있으면, 우리의 생각은 종종 과도하게 집중한다. 이러한 과도한 집중은 불쾌감을 초래하여, 원래 중요했던 생각이나 문제를 잊어버리게 만든다. 이러한 상황을 피하기 위해 노력해야 한다.

14 행복을 바란다면 먼저 불행에 대비하라

우리는 다른 사람이 소유한 것을 보면 '아, 저것이 내 것이었으면!'이라는 생각을 쉽게 한다. 이런 결핍을 느끼기보다는 '아, 저것이 내 것이 아니라면?'이라고 자주 생각해 보는 것이 좋다. 즉 우리는 때때로 소유물을 잃은 상태에서 바라보는 시각으로 보려고 노력해야 한다. 재산, 건강, 친구, 아내나 아이 등 우리가 사랑하는 사람들, 또는 말이나 개와 같은 우리의 소유물은 대개 잃고 나서야 그 가치를 알게 된다.

이와 반대로, 내가 추천하는 방식으로 사물을 바라보면 두 가지 이득을 얻게 된다. 첫째로 소유물에서 이전보다 더 많은 즐거움을 얻을 것이고, 둘째로 그것들을 잃지 않기 위해 최선을 다하게 될 것이다. 예를 들어 재산을 위험에 빠뜨리게 하거나, 친구를 화나게 하거나, 아내의 정숙을 시험하는 것을 하지 않으며, 자식의 건강을 소홀히 하지 않는다.

우리는 가끔 현재의 우울과 낙담을 없애기 위해 미래의 성공 가능성을 상상하곤 한다. 하지만 이는 많은 허황된 희망을 만들어낸다. 이러한 희망 속에는 환상의 씨앗이 담겨 있으며, 우리의 희망이 거친 현실에 의해 산산이 부서질 때 실망을 느끼게 된다. 따라서 불행이 닥칠 가능성을 주제로 삼는 것은 덜 해롭다. 이렇게 하면 예방책을 마련할 수 있을 뿐만 아니라, 불행이 실제로 일어나지 않았을 때 기분 좋은 놀라움을 경험할 수 있기 때문이다.

우리가 불안한 시기를 극복할 때 기분이 눈에 띄게 좋아지는 것은 사실이 아닌가? 더 나아가 가끔은 우리가 겪을 수 있는 끔찍한 불행을 실제로 일어난 것처럼 생각해 보는 것도 유용하다. 이렇게 하면 실제로 일어나는 사소한 역경들을 훨씬 더 쉽게 견딜 수 있다. 결코 일어나지 않는 큰 불행을 돌아보는 것만으로도 위안이 된다. 그러나 이 규칙을 따를 때는 앞서 언급한 내용을 소홀히 하지 않도록 주의해야 한다.

15 최악의 상황에서 살아남는 방법

우리가 삶에서 만나는 모든 일은 각각 고립된 것으로, 서로 아무 관계 없이 모두 분리된 것으로 보인다. 또 우리에게 영향을 미치는 것 외에는 아무런 공통점도 없는 혼란스러운 상태로 나타난다. 그래서 이런 다양한 일이 우리에게 주는 생각이나 배려도 각 주제에 맞게 단절되어야 한다. 즉 어떤 일을 시작할 때 가장 먼저 해야 할 일은, 다른 모든 것을 버리고 온갖 관련된 것에서 빠져나와야 한다.

이렇게 하면 각 문제를 다룰 때 다른 관심사를 생각하지 않고, 그 일을 즐기거나 감수할 수 있게 된다. 우리의 생각은 작은 서랍처럼 정리되어야 하며, 하나를 열 때 다른 서랍은 모두 닫아야 한다. 그러면 현재의 작은 즐거움을 망치거나 휴식을 빼앗길 정도로 무거운 걱정에 대한 부담을 덜 수 있다. 그렇지 않으면 한 가지 문제를 생각하는 동안 다른 모든 것에 영향을 미쳐, 중요한 일을 처리하는 것을 소홀히 할 수 있다.

만약 고귀한 것을 다룰 수 있는 사람이라면 자기 정신이 사소한 개인 문제나 평범한 걱정에 몰두하여 더 가치 있는 생각을 밀어내지 않도록 주의를 기울여야 한다. 이는 매우 현실적인 의미에서 삶의 진정한 목적을 잃어버리는 것이기 때문이다. 물론 이를 위해서는 다른 일들과 마찬가지로 자기 통제가 필요하다. 자기 통제가 없으면 내가 설명한 방식으로 자신을 관리할 수 없다.

자기 통제는 어려운 일이 아닐 수 있다. 왜냐하면, 모든 사람은 주변 환경으로부터 많은 엄격한 통제를 받아야 하며, 그것 없이는 어떤 형태의 존재도 가능하지 않기 때문이다. 또한, 적절한 순간에 약간의 자기 통제가 나중에 다른 사람들로부터의 강제적인 통제를 막을 수 있다. 이는 중심에 가까운 작은 원의 조각이 둘레 가까이에서 백 배나 큰 부분에 해당할 수 있는 것과 같다.

자기 통제만큼 외부의 강제력을 막아주는 것은 없으며, 이에 대해 세네카는 다음과 같이 말했다.

“모든 것을 너에게 복종시키려면, 너 자신을 이성에 복종시켜라.”

자기 통제는 우리가 직접 조절할 수 있는 것이며, 최악의 상황이 닥쳐 매우 민감한 부분에 영향을 미치더라도 언제든 그 엄격함을 완화할 수 있다. 하지만 다른 사람들이 우리에게 강제력을 행사해야 한다면 우리의 감정을 고려하지 않을 것이며, 우리는 동정이나 자비 없이 대우받을 것이다. 따라서 미리 강제력을 예상하여 자기 통제를 실행하는 것이 현명한 방법이다.

16

헛된 욕망에 휘둘리지 말라

개개인은 자신이 원하는 모든 것 중에서 매우 작은 몫만을 차지하는 것과 다르게, 삶 속 수많은 불행은 누구에게나 닥칠 수 있음을 염두에 둬야 한다. 즉 우리는 절제하고 인내해야만 한다. 각자의 소망에 한계를 두고, 욕망을 억제하며, 분노를 절제해야 한다. 이 규칙을 지키지 않으면 아무리 부와 권력이 있더라도 불행을 피할 수 없다. 이에 대해 호라티우스는 다음과 같이 말했다.

"헛된 욕망이나 두려움, 기대에 항상 휘둘리지 말라. 그 모든 것은 그렇게 가치 있는 것이 아니다. 모든 것 중에서 신중히 선택하고, 현자賢者들에게 물어보라."

17

삶의 어려움 극복이 진정한 즐거움이다

아리스토텔레스는 "삶은 움직임 속에 있다"라고 말했다. 우리는 끊임없이 움직이는 유기체有機體이기 때문에 신체적으로 존재하기 위해서는 계속해서 무언가를 해야 한다. 이는 정신적 활동도 마찬가지이다. 일이 없거나 생각할 것이 없는 사람들을 보면 손가락이나 막대기 등을 두드리는 모습을 볼 수 있다. 이는 우리의 본질이 불안정하다는 것을 보여준다. 우리는 곧 아무것도 하지 않는 것에 지치고, 참을 수 없는 무료함을 느끼게 된다.

이런 충동을 규제하고, 어떤 방식으로든 체계적으로 조직화해야 한다. 이것만으로도 우리가 얻는 만족감을 높일 수 있다. 활동, 즉 무언가를 하고, 가능하다면 무언가를 창조하고, 적어도 무언가를 배우는 것이 얼마나 다행인가. 사람은 자신의 힘을 사용했을 때 어떤 효과를 낼 수 있는지를 보고 싶어 한다. 그것이 책이든 바구니든, 하루하루 작업을 하는 것에서 즐거움을 얻는다. 이런 일은 예술 작품이나 원고, 심지어 단순한 노동이어도 좋다. 물론 작업의 수준이 높을수록 더 큰 즐거움을 얻는다.

이런 관점에서 볼 때, 어떤 중요한 목적을 가지고 위대한 작품을 만들어낼 수 있는 능력을 자각하고 있는 사람들이 가장 행복하다. 이는 평범한 사람의 삶에 비해 그들의 삶 전체에 더 높은 종류의 흥미, 일종의 특별한 맛을 더해주기 때문이다. 다양한 재능을 타고난 사람들에게는 일상의 개인적 관심사 외에도 특별한 흥미가 있으며, 이는 그들의 삶과 세계에서 얻은 자료로 인해 더욱 높아진다. 그들은 개인적인 필요에서 벗어나면 곧바로 자신의 존재를 오롯이 자료 수집에 바친다.

그들의 지성은 두 가지 성격을 가진다. 하나는 일상적인 일, 즉 자신과 다른 사람들도 공유하는 의지의 문제에 대한 것이고, 다른 하나는 순수하고 객관적인 존재의 관찰에 헌신하는 것이다. 대부분의 사람들이 세상이란 무대에서 자신의 작은 역할을 하고 사라질 때, 천재는 배우이자 관객으로서 이중의 삶을 산다. 그러니 각자 자신의 능력에 맞는 일을 하도록 하자.

규칙적인 일이나 정해진 활동 영역이 없는 것은 참으로 비참한 일이다. 종종 오락을 위해 떠난 긴 여행이 오히려 사람을 불행하게 만들기도 한다. 왜냐하면, 아무런 활동이 없다는 것은 마치 그를 본래의 환경에서 벗어나게 강요하는 것과 같기 때문이다. 사람에게 있어 노력이나 장애障礙와의 싸움은 두더지가 땅을 파는 것만큼이나 자연스러운 것이다. 모든 욕구가 만족된 상태는 참을 수 없는 것이며, 지나치게 오랫동안 계속되는 쾌락은 정체停滯된 느낌을 준다.

따라서 어려움을 극복하는 것은 삶의 진정한 즐거움을 경험하는 것이며, 그 장애물이 일이나 사업 문제, 또는 학문적 노력 등 어디에서 발생하든 상관없다. 투쟁과 승리에는 항상 쾌감이 있다. 만약 사람이 자신을 자극할 기회를 찾지 못하면, 어떻게든 그것을 만들려고 할 것이다. 각자의 성향에 따라 사냥이나 운동 경기, 또는 자신도 모르게 싸움을 걸거나 음모를 꾸미는 등, 사기와 비열한 행동에 빠지기도 한다. 이는 모두 참을 수 없는 정체 상태를 끝내기 위해서이다. 확실히 할 일이 없는 한가한 시간에 아무것도 하지 않고 조용히 있기란 어렵다.

18

환상에 이끌리지 않도록 주의하라

우리는 환상에 이끌리지 않고 명확한 개념을 찾아야 한다. 하지만 대부분의 사람들은 이 두 가지를 혼동한다. 어떤 결정을 내리기 위해 심사숙고하는 과정에서 최종적으로 한쪽으로 기울게 하는 상황을 자세히 들여다보면, 그 결정이 명확한 개념에 의한 판단이 아닌 망상의 환영에 따른 영향이라는 것을 알 수 있다. 저자가 볼테르인지 디드로Diderot인지, 어떤 소설이 확실하지는 않지만, 그 소설의 주인공은 헤라클레스Heracles였다. 소설 속에서 덕德은 담배 상자를 들고 있는 늙은 가정교사로 나타났고, 악덕惡德은 어머니의 하녀로 나타났다.

특히 젊은 시절에 우리의 목표는 머릿속에 떠오르는 행복에 대한 환상적인 이미지(인상)에서 비롯된다. 이것은 우리 눈앞에 반짝이며 평생 계속되기도 한다. 이런 환상은 우리를 조롱하는 영혼과 같다. 우리가 꿈을 이루었다고 생각할 때, 그 이미지는 사라지고, 결국 우리가 바랐던 것 중에 어떤 것도 이루지 않았음을 깨닫는다. 이는 가정이나 시민들과의 삶, 사회생활, 시골 생활의 한 장면일 수도 있다. 또는 우리가 가질 집, 주변 환경, 우리가 받을 명예와 존경도 좋다. 사랑하는 사람에 대한 환상도 이에 속한다.

우리가 이런 상태가 되는 것은 당연한 결과다. 환상은 우리에게(우리의 의지) 실제 같은 '직접적인' 영향을 주지만, 개념은 추상적이라 '간접적으로' 작용한다. 그러나 개념만이 우리와의 약속을 지킨다. 따라서 교육의 기능은 우리가 개념을 신뢰하게끔 가르치는 것이 되어야 한다. 물론 개념은 추상적이기에 환상으로 설명하는 것도 필요하지만, 적절한 내용을 신중하게 사용해야 한다.

19

현재의 인상과 직관의 주인이 돼라

앞에서 언급한 규칙을 좀 더 일반적으로 정리하자면, 사람은 어떤 순간에도 현재의 인상印象과 직관直觀을 지배해야 한다는 것이다. 인상과 직관은 생각의 흐름이나 사고의 작용보다 훨씬 강력한 영향을 미친다. 이것은 인상이나 직관이 주는 것이 풍부해서가 아니라, 우리의 마음속에 침범하여 평온을 방해하고 결심을 흔들어 놓는 직관성 때문이다.

현재에 직관되는 것은 쉽게 이해할 수 있고 전력을 다해 작용하지만, 사상이나 근거를 이해하는 것에는 시간과 여유가 필요하다. 그렇기에 사람은 사상이나 근거가 매 순간에 현존現存하는 것을 알 수가 없다. 이런 이유로 우리는 쾌락에 이끌리거나, 비판에 신경 쓰게 되며, 그것이 무능한 사람에게서 나온 것임을 알면서도 기분을 상하게 한다. 또 얼마나 경멸할 만한 것인지 알면서도 모욕당하는 것에 화를 내는 것도 같은 이유다.

이렇듯 열 가지 이유로 위험이 없다고 생각하면서도, 하나의 잘못된 생각이 실제로 위험이 다가오고 있다고 믿게 만들 수 있다. 이것은 인간의 본성이 근본적으로 비이성적이기 때문이다. 특히 여성들은 인상에 쉽게 굴복하며, 남성이라도 이런 인상에 현혹되지 않을 만큼 이성적인 사람은 드물다. 우리가 인상을 단순한 사상만으로 극복할 수 없다면, 이와 반대되는 인상을 통해 중화中和시키는 것이 가장 좋은 방법이다.

예를 들어 모욕을 받았다면 우리를 좋게 생각하는 사람들의 사회 속에 들어감으로써 극복할 수 있고, 위협받고 있다는 불쾌함은 그것을 방어할 방법에 주의를 집중함으로써 피할 수 있다. 라이프니츠G.W. Leibniz의 말에 따르면, 어떤 이탈리아인이 고문의 고통을 견딜 수 있었던 방법은 자신을 기다리고 있는 교수형을 계속 잊지 않고 떠올렸기 때문이라고 한다. 즉 피하고 싶은 상황에서 반대로 맞닥뜨리며 고통을 감내한 것이다.

이런 점에서 의견 문제에서 혼자 견디는 것이 왜 그렇

게 어려운지 알 수 있다. 즉 모든 사람들이 우리와 반대 의견으로 행동할 때, 그들이 틀렸다고 확신해도 우리의 마음이 흔들리지 않기란 어렵다. 쫓겨서 도망 중인 왕이 있다. 그는 체포당하지 않으려고 자신의 신분을 드러내지 않았다. 그런데도 왕을 따르는 신하가 의례적이고 충성스러운 모습을 보인다면, 왕이 얼마나 큰 위안을 얻을지 생각해 보라. 그렇지 않았다면 그 왕은 자신이 원래 왕이라는 사실조차 잊었을 것이다.

20 건강과 운동의 중요성

앞의 여러 장에서 나는 행복의 주요 요소 중 하나로 건강의 중요성을 언급했다. 여기서는 건강을 유지하는 데 필요한 일반적인 규칙을 제시하며, 앞서 말한 내용을 강조하고자 한다. 신체를 단련하는 방법은 건강할 때 많은 노동과 노력을 부과하여, 신체 전부나 일부를 운동시켜서 모든 해로운 영향에 견디도록 습관을 기르는 것이다. 그러나 질병이나 장애가 신체 전부나 일부에 나타나면 이와 반대의 조치로써 신체나 일부의 아픈 부위를 간호하고 모든 노력을 피해야 한다. 아프고 쇠약해진 부분은 단련할 수 없다.

근육은 활발하게 사용하면 강해질 수 있지만, 신경(뇌)은 과도하게 사용하면 약해지기 때문이다. 따라서 근육을 적절히 운동시키는 한편, 뇌는 최소한으로 사용해야 한다.

예를 들어 눈은 강한 빛, 어두운 곳에서의 과도한 사용, 미세한 물체의 장시간 관찰로부터 보호해야 한다. 귀는 너무 큰 소리로부터 보호해야 하며, 뇌는 절대 무리하여 사용해서는 안 된다. 소화 중에는 뇌를 쉬게 해야 하는데, 이 시기에는 생명 에너지가 소화 기관에서 많은 일을 해야 하기 때문이다. 소화 기관에서는 음식물을 분해하고 소화액을 준비한다. 같은 이유로, 격렬하게 근육 운동을 할 때나 직후에 뇌를 사용해서도 안 된다.

운동 신경은 감각 신경과 같은 역할을 한다. 사지四肢가 다쳤을 때 느끼는 통증은 뇌에서 발생하는데, 우리의 팔과 다리를 실제로 움직이는 것은 뇌이다. 정확히는 척수를 통해 사지의 신경을 자극하고 움직이게 한다. 따라서 팔과 다리가 피곤하다면 그 원인은 뇌에 있다. 이것이 바로 근육이 의식적이고 자발적으로 움직일 때, 즉 뇌에 의해 작동하는 근육들이 피로를 느끼는 이유다. 반면 심장처럼 비자발적으로 움직이는 근육들은 피로를 느끼지 않는다. 따라서 격렬한 근육 운동과 지적 활동을 동시에, 또는 짧은 간격으로 강요하면 뇌에 해를 끼치게 된다.

걷기 시작할 때나 짧은 산책을 하는 동안 지적 활력이

증대되는 느낌이 드는 것은 사실이다. 이는 뇌의 특정 부분이 피로해질 시간이 없고, 가벼운 운동이 호흡 기관의 활동을 촉진시켜 더 순수하고 산소화된 동맥혈이 뇌로 공급되기 때문이다. 또한, 뇌를 회복시키기 위해 충분히 수면을 취하는 것이 중요하다. 수면은 인간에게 시계의 태엽 감기와 같은 역할을 한다. 뇌의 활동이 늘어날수록 수면량도 늘어난다. 물론 과도한 수면은 시간을 낭비하는 것에 불과하다. 수면 시간이 길어지면 깊이가 줄어들기 때문이다.

우리의 사고는 단지 뇌의 유기적 기능일 뿐이며, 다른 유기적 기능과 마찬가지로 노력과 휴식에 관한 동일한 법칙을 따라야 한다는 점을 분명히 이해해야 한다. 눈이 과도하게 피로해지면 손상될 수 있는 것처럼, 뇌도 과도한 스트레스로 손상될 수 있다. 위장이 소화하는 기능이 있듯이 뇌는 사고하는 기능이 있다.

영혼은 뇌에만 기거하며, 세상에 있는 것을 필요로 하지 않는 비물질적 것이어서 사고하는 기능을 수행할 때 지치지 않는다는 망상이 있다. 이런 망상은 많은 사람을 어리석은 행동으로 이끌고, 그들의 지적 능력을 둔하게 만들었다. 프리드리히 대왕도 한때 전혀 잠을 자지 않는 습관을 들이려고 시도한 적이 있었다. 철학 교수들이 이렇게 실질적으로 해로운 결과를 초래하는 망상을 그들의 교리문답 같은 철학을 통해 퍼뜨리지 않기를 바란다.

사람은 자신의 지적 능력을 생리적 기능에 따라 다루고 관리해야 한다. 상황에 따라 이를 돌보거나 훈련시키면서 몸의 어느 부분에서든 모든 종류의 육체적 고통, 질병 또는 장애가 마음에 영향을 미친다는 것을 기억해야 한다. 이 부분에 대해 가장 훌륭한 조언은 카바니스Cabanis의 〈인간의 신체와 도덕성의 관계〉이다. 여기에서 말한 규칙을 무시한 탓에 많은 천재와 위대한 학자들이 나이가 들면서 정신적으로 약해지거나, 심지어 완전히 미쳐버린 경우가 있었다.

19세기 초반의 유명한 영국 시인들인 스콧Walter Scott, 워즈워스William Wordsworth, 사우디Robert Southey가 60세를 넘긴 후 얼마 지나지 않아 정신적으로 쇠약해지고 무능력해진 것은 의심의 여지가 없다. 이는 그들이 인생의 후반기에 저술著述 활동을 할 때, 돈을 위해 글을 쓰면서 지적 능력을 남용濫用했기 때문이다.

만약 누군가가 자신의 영감靈感을 강제로 활용하게 한다면, 이는 다른 힘을 남용하는 것과 마찬가지로 혹독한 대가를 치르게 될 것이다. 칸트Immanuel Kant도 인생의 마지막 무렵에 너무 많은 일을 해서 생을 마치기 전 4년은 노망老妄에 든 것이 아닌가 의심스럽다. 매년의 각 달은 우리의 건강, 신체 상태, 마음 상태에 고유하고 직접적인 영향, 즉 날씨에 따라 좌우되는 영향을 미친다.

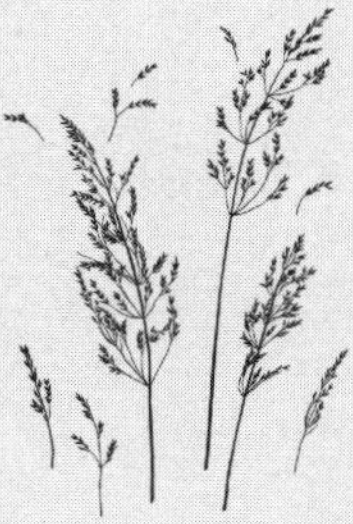

Arthur Schopenhauer

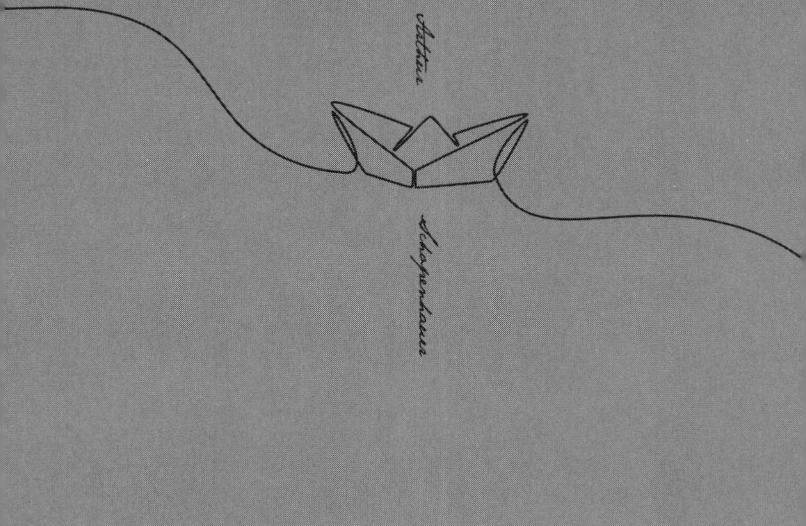
Arthur
Schopenhauer

CHAPTER 3

타인과의 관계

다른 사람과의 관계에서
그들보다 우위를 점하려면,
스스로 독립적임을 보여줘야 한다.

21

자신도 살고,
남도 살게 하라

인생을 살아갈 때 두 가지가 있으면 유익하다. 바로 조심성과 관대함이다. 조심하면 손실과 피해로부터 몸을 지킬 수 있고, 관대하면 논쟁과 다툼에 말려드는 일이 없다. 사람들 속에서 살아가지 않으면 안 되는 사람은 자연에 의해 한번 정해진 이상 최악이고, 가소로워도 그 사람의 개성을 비난하면 안 된다. 오히려 그가 변할 수 없다는 사실을 받아들여야 한다. 그것이 영원하고 근본적인 원칙의 필연적인 결과이기 때문이다. 악한 경우라면 메피스토펠레스의 말을 떠올려라.

"세상에는 바보와 악당도 있어야 한다."

만약 달리 행동한다면, 그는 부당한 일을 저지르는 것이며, 그가 배척한 사람에게 생사를 건 도전을 하는 셈이 된다. 아무도 자신의 개성, 도덕적 성격, 지적 능력, 기질을 바꿀 수 없다. 우리가 모든 면에서 어떤 사람을 비난한다면, 그에게 남는 것은 우리와 치명적인 갈등에 빠지는 것뿐이다. 우리는 그가 다른 사람이 되어야만 존재할 권리를 허용하는 셈이기 때문이다.

그러나 그의 본성은 그것을 허락하지 않는다. 사람들과 함께 살아야 한다면, 각자가 자신의 성격에 따라 존재할 권리를 허락해야 한다. 그 성격이 어떻게 나타나든 말이다. 당신이 해야 할 일은 그 성격을 변하게 하려 하거나, 성급히 비난하기보다는 그 성격이 허용하는 범위 내에서 그것을 이용하는 방법을 찾는 것이다. 이것이 '자신도 살고, 남도 살게 하라'는 격언의 진정한 의미다.

하지만 이 격언을 따르는 것은 매우 어렵다. 따라서 많은 사람과 관계를 맺지 않고도 살 수 있는 사람은 행복한 사람이다. 사람들과 잘 지내는 기술은 무생물無生物에 대한 인내를 연습함으로써 배울 수 있다. 무생물은 기계적, 또는 일반적인 물리적 필연성에 의해 우리 행동의 자유에 완강히 저항한다. 이런 형태의 인내는 매일 필요하다. 이렇게 얻은 인내는 사람들과의 관계에서도 적용할 수 있다.

사람마다 일어나는 저항을 그들의 본성의 필연적인 결과로 간주하는 데 익숙해지면 된다. 이는 무생물의 저항을 다스리는 것과 같은 엄격한 법칙에 따른 것이다. 그들의 행동에 분개하는 것은 당신이 길을 걸을 때 돌이 굴러 들어왔다고 화를 내는 것만큼 어리석은 일이다. 많은 사람들에게 있어 가장 현명한 일은, 당신이 바꿀 수 없는 사람들을 이용할 방법을 찾는 것이다.

22 인간관계에서의 조화와 부조화

사람들이 대화를 나눌 때 기질器質의 동질성이나 이질성이 쉽게 나타난다는 것은 놀라운 일이다. 아무리 사소한 일에서도 이를 보여준다. 서로 완전히 다른 기질을 지닌 두 사람이 대화할 때, 한 사람의 말이 상대방에게 불쾌감을 주거나 화를 내게 하는 일이 있다. 대화의 주제가 두 사람 중 누구도 실제 관심이 없는 것일지라도 말이다. 반대로 비슷한 기질을 지닌 사람들이 대화할 때는 일종의 동의를 느끼면서 서로 조화를 이룬다. 동질성이 심해지면 조화를 넘어 완전히 일치하게 된다.

이것은 두 가지 사실을 설명한다. 첫 번째는, 평범한 사람들이 왜 그렇게 사교적이며, 어디를 가든 좋은 동료를 찾는지 알 수 있다. 그들은 올바른, 또 사랑스럽고 용감한 사람들이다. 하지만 비범한 사람들은 정반대다. 그들은 자신이 평범하지 않을수록 더욱 사교적이지 않다. 그래서 그들은 고독 속에서 자신과 공감할 수 있는 단 한 사람이라도 우연히 만나게 되면, 그 사람과의 교제를 특별히 즐거워한다. 사람은 누구나 다른 사람이 자신에게 무엇이 되는지에 따라 존재하기 때문이다. 위대한 정신을 가진 사람들은 독수리와 같아서 높은 고독 속에 둥지를 튼다.

두 번째는, 비슷한 기질을 지닌 사람들이 얼마나 빠르게 친해질 수 있는가를 이해할 수 있게 된다. 마치 자석이 서로 끌어당기는 것처럼, 마음이 맞는 영혼들은 멀리서도 서로를 알아본다. 이런 현상은 주로 취향이 천박하고 지적 수준이 낮은 사람들 사이에서 자주 보이는데, 그들의 수가 많기 때문이다. 반면 지적이거나 탁월한 기질을 지닌 사람들은 드물어서 만나기가 어렵다.

예를 들어 어떤 실용적인 목적을 위해 만들어진 큰 모임이 있다고 가정하자. 만약 그들 중에 두 명이 악인이라면, 그들은 마치 같은 배지를 달고 있는 것처럼 쉽게 서로를 알아보고, 즉시 악행이나 배신을 공모할 것이다. 이와 마찬가지로 지적이고 똑똑한 사람들로 가득 찬 큰 모임에서 두 명의 어리석은 사람이 있다면, 이 두 사람은 함께 공감하고 서로에게 끌릴 것이며, 모임에서 적어도 한 명은 말이 통하는 사람을 발견한 것에 대해 은밀히 기뻐할 것이다. 특히 도덕적으로나 지적으로 열등한 두 사람이 처음 만나서 서로를 알아보는 모습은 정말로 흥미롭다. 그들이 얼마나 열정적으로 친해지려고 노력하는지, 마치 오랜 친구인 것처럼 서로를 반갑게 맞이하는지, 그 모든 것이 너무 우스워서 불교의 윤회설輪廻說에 따라 그들이 전생前生에도 친한 사이였다고 생각하게 만들 정도다.

그러나 많은 공통점(공감대)이 있음에도 불구하고, 서로 가까워질 수 있는 사람들이 떨어져 있거나, 때로는 일시적인 불화가 생기기도 한다. 이는 기분의 다양성 때문이다. 두 사람이 완전히 같은 기분을 가지고 있는 경우는 거의 없다. 즉 그들의 현재 상황, 일, 환경, 건강 상태, 그리고 그 순간에 드는 생각에 따라 달라지기 마련이다. 이런 차이들은 조화로운 성격을 가진 사람들 사이에서도 불협화음不協和音이 생길 수 있다. 이런 불협화음을 교정하여 방해 요소를 제거하고, 일종의 평균율平均率을 도입하는 것은 높은 수준의 문화적 소양을 지닌 사람이 아니면 불가능하다. 똑같은 기분을 느끼는 것이 얼마나 좋은 관계를 만들어내는지는 모임을 통해서 알 수 있다.

예를 들어 모임에서 위험이나 희망, 중요한 뉴스, 공연, 연주회 등 모두에게 똑같이 작용하는 것이나 어떤 객관적인 사건이 일어나면, 많은 사람들이 활발하게 이야기하거나 관심을 표현한다. 그들 사이에는 일반적인 즐거움의 감정이 있을 것이다. 왜냐하면, 이런 일이 생기면 그것이 모든 개인적인 관심사를 압도하여 일치된 분위기를 만들어내기 때문이다. 이런 객관적인 관심사가 없을 때는 보통 주관적인 무언가에 의존하게 된다. 와인 한 병은 서로의 유대감을 형성하는 흔한 수단이며, 심지어 차나 커피도 같은 목적으로 사용된다.

사람들이 그 순간의 기분에 따라 다르게 느끼는 부조화不調和는, 우리가 과거의 어느 시점에서 취했던 태도를 기억할 때 이상화거나, 때로는 거의 신성화가 되는 이유를 부분적으로 설명할 수 있다. 이런 점에서 기억은 암실의 요철 렌즈와 같다. 추억이 모든 것을 모아 실제 그랬던 것보다 훨씬 더 아름답게 만든다. 우리의 추억이 아름답게 보이는 이유는 그것이 실제로 존재하지 않아서 얻는 것이다. 추억의 이상화理想化 작업은 시간이 걸려야 완성되지만, 시작은 즉각적으로 이루어지기 때문이다. 그렇기에 친구나 지인을 만날 때 시간적인 간격을 두는 것이 현명하다. 그렇게 하면 시간이 지나 다시 만날 때 추억이 이상화 작업을 시작한 것을 알 수 있을 것이다.

23

누구나 자신이 아는 만큼 보인다

당신은 자신을 넘어서 다른 사람을 볼 수 없다. 내가 말하고자 하는 바는, 사람은 자신과 같은 크기로 다른 사람을 본다. 누구나 자신이 가진 지적 능력에 따라 다른 사람을 파악하기 때문이다. 예를 들어 어떤 사람의 지적 수준이 매우 낮다면, 그것이 다른 사람에게는 뛰어난 지적 능력이라고 해도 당신에게 아무런 영향을 미치지 않을 것이다. 당신은 그 사람의 개성과 성격 중 가장 하찮고 결함 있는 부분만을 볼 것이다.

당신의 전체적인 평가는 그 사람의 결점에만 국한될 것이며, 그의 지적 능력의 특성은 마치 색色을 볼 수 없는 사람에게 색이 존재하지 않는 것처럼 당신에게는 존재하지 않을 것이다. 즉 지적 능력이 없는 사람에게 지성은 보이지 않는다. 다른 사람의 작품을 비평할 때, 비평가가 가진 지식의 범위는 작품 자체의 평가만큼이나 그의 판단에 중요한 요소가 된다. 따라서 다른 사람과의 교류는 일종의 평준화를 수반한다. 한 사람에게 있는 특성이 다른 사람에게 없을 때, 그들이 만난다면 그 특성은 발휘될 수 없다. 이로 인해 한 쪽에서 발생하는 자기희생은 다른 쪽에서 인식되지 않는다.

대부분의 사람들이 얼마나 저속하고 어리석은지, 한마디로 얼마나 저급한지 생각해 보면, 그들과 대화하는 것이 일시적으로라도 당신을 저속하게 만들 수밖에 없다는 것을 알게 될 것이다. 저속함은 전기와 같아서 쉽게 퍼진다. 그러면 당신은 '자신을 싸구려로 만든다'라는 표현의 진실성과 적절성을 완전히 이해하게 될 것이다.

게다가 당신은, 당신과 접촉할 수 있는 유일한 부분이 당신의 가장 자랑스럽지 않은 부분인 사람들의 사회를 피하고 싶어질 것이다. 즉 당신은 바보들과 어리석은 사람들을 대할 때, 그들과 아무 상관도 하지 않는 것이 당신의 지성을 보여주는 유일한 방법임을 알게 될 것이다. 이것은 사회에 나갈 때, 마치 훌륭한 춤꾼이 무도회에 초대받아 도착했는데 모든 사람이 절름발이라는 것을 발견한 기분과 같다는 것을 의미한다. 과연 누구와 춤을 춰야 할까?

24 다른 사람을 통한 나의 성찰

제대로 된 정신을 갖추지 못한 사람은 다른 사람의 정신도 제대로 볼 수가 없다. 또 모든 평가에 대한 기준은 평가받는 사람의 가치와 평가하는 사람의 인식 범위 사이에서 생긴다. 따라서 사람은 대화할 때 상대보다 훌륭한 자신의 자질을 감추며, 상대와 같은 수준으로 자신을 낮추기 위해 스스로를 부정한다. 물론 상대는 이 사실을 모른다.

이때 대부분의 사람들이 얼마나 비참한가를, 즉 저속하며 보잘것없는지를 생각해야 한다. 그렇게 하면 자신을 일시적으로나마 천하게 하지 않고서는 그들과 소통할 수 없다는 사실을 알게 된다. 또한, 어리석은 사람을 상대로 자신의 분별력을 나타내는 방법은 오직 그들과 말을 나누지 않는 것이라는 것도 알게 된다.

만약 어떤 사람이 무엇을 기다리거나 아무것도 하지 않고 앉아 있을 때 지팡이, 칼, 포크 등 손에 잡히는 것을 두드리며 박자를 맞추지 않고는 가만히 있을 수 없다면, 나는 그 사람을 백 명 중에 단 한 명의 선택된 자로서 존경할 것이다. 아마 그 사람은 뭔가를 생각하고 있었을 것이다.

반면 대다수의 사람들은 생각하는 것보다 보는 것이 우세하다는 것을 알 수 있다. 그들은 자신을 의식할 때 도움이 되는 담배를 피울 때, 소리를 내거나 주위를 둘러본다. 이런 점에서 그들의 온몸은 주위에서 일어나는 모든 것의 눈이자 귀가 된다.

25 존경받는 것과 사랑받는 것

라 로슈푸코는 한 사람에게 존경과 사랑을 동시에 느끼는 것은 어렵다고 지적했다. 그렇다면 우리는 다른 사람에게 존경받을 것인지, 또는 사랑받을 것인지를 택일해야 한다. 사람들의 사랑은 확실히 이기적이다. 다만 그 방식이 다를 뿐이다. 사랑을 얻기 위해 사용하는 수단도 자랑스러워할 만한 것이 아니다. 누군가가 다른 사람에게 사랑받는 것은 주로 그들이 가진 좋은 감정과 지적 능력에 대한 기대를 얼마나 절제하는가에 달려있다.

이때는 진정성 있고 속임 없이 해야 하며, 그저 참아주는 척해서도 안 된다. 참아주는 태도는 근본적으로 일종의 경멸이기 때문이다. 엘베시우스Helvetius의 진실한 관찰이 떠오른다.

"우리를 기쁘게 하는데 필요한 지적 능력의 정도는, 우리의 지적 능력이 어느 정도 수준인가에 대한 정확한 척도이다."

이 말을 전제 삼으면, 쉽게 결론이 나온다. 반면 존경에서는 반대의 상황이 일어난다. 존경은 사람들로부터 마지못해 끌어내는 것이기에 주로 숨기게 된다. 그래서 존경받는 것은 우리에게 큰 만족감을 준다. 이는 우리의 가치와 깊은 관계가 있기 때문이다. 하지만 사랑받는 것에는 해당하지 않는다. 사랑은 주관적이며, 존경은 객관적이다. 물론 우리에게는 사랑받는 것이 더 유익하다.

26 주관성이라는 감옥에서 벗어나라

대부분의 사람들은 철저하게 주관적이어서 자기 자신 외에는 아무런 관심이 없다. 그래서 어떤 말이라도 듣는 즉시 자신과 관련짓고, 아무리 사소한 것이어도 자신과 관련이 있으면 오로지 그것에만 정신이 팔린다. 그런 까닭에 그들은 대화가 객관적으로 흘러도 그것을 분별할 힘이 없다. 또 자신의 이익이나 자존심에 반대되는 주장은 전혀 받아들이지 못한다. 그래서 그들의 정신은 산만해지거나, 쉽게 상처받아 모욕감을 느낀다.

따라서 그들과 객관적인 문제에 대해 논의할 때는, 지금 말하는 내용이 그들의 감정을 상하게 할 수 있다는 사실을 주의해야 한다. 그들에게 문제가 되는 것은 자신뿐이며, 다른 것에는 관심 두지 않는다. 그들은 다른 사람이 말하는 것들, 이를테면 정말로 의미 있고 눈에 띄는 관찰이나 재치 있는 표현은 그들에게 아무 소용이 없다. 그들은 그것을 이해하지도, 느끼지도 못하면서도 자신의 자존심을 건드리거나 자아를 해치는 것에는 예민한 반응을 보인다.

이런 점에서 그들은 자주 발을 밟히는 작은 강아지와 같다. 사람이 강아지가 있는 것을 모르고 밟으면, 그 짖는 소리를 듣게 되는 것과 같다. 또한, 그들은 온몸에 상처와 종기가 가득한 병자와도 같다. 이런 병자에게는 세심한 주의를 통해 접촉을 피해야 한다. 그들 중 대다수의 사람들은 극단적인 모습을 보이는데, 그들과 대화를 나누는 중에 자신의 통찰력을 보이거나 이를 숨기지 않으면, 그들은 그 순간에는 불쾌감을 숨겨도 자신이 모욕받았다고 느낀다.

이런 사실을 모르는 사람들은 그들의 행동을 이해하지 못해 혼란스러워하며, 왜 그들이 적대감을 가졌는지를 고민하게 된다. 하지만 그들에게 호감을 얻기란 매우 쉽다. 그래서 그들의 판단은 부패하기 마련이고, 그들의 의견은 옳은 것에 의해 좌우되는 것이 아닌 자신이 속한 당파나 계급의 호의好意에 의해 좌우된다. 그들이 이러는 궁극적인 이유는, 그들에게는 의지력이 지성을 압도하기 때문이다. 따라서 그들의 빈약한 지성은 전적으로 의지의 종속에 놓여 있고, 그 의지로부터 한순간도 벗어날 수 없다.

점성술占星術은 인간의 이런 비참하고 주관적인 성향을 증명해준다. 사람들은 모든 것을 자신과 관련짓고, 자신에게 직결되지 않는 것은 아무것도 생각하지 않으려 한다. 점성술의 목적은 모든 천체天體의 움직임을 인간의 불쌍한 자아와 연관시키고, 혜성의 움직임과 지상의 속임수 사이에 연결고리를 만들려는 것이다.

27

불합리한 문제에 처했다면

불합리한 것이 공공연하게 사회나 인간관계, 그리고 책에서도 받아들여지고 있다. 최소한 이런 문제에 대해 반박되지도 않는다. 그렇다고 해서 스스로 절망하거나, 이런 상태가 영원할 것으로 생각할 필요는 없다. 이러한 것들은 시간이 지나면서 점차 숙고熟考되고, 논의되어 올바른 관점에 도달할 것이다.

물론 그 과정이 얼마나 걸릴지는 그 주제의 난이도에 따라 다르겠지만, 결국 모든 사람은 명석한 사람이 처음에 발견한 것을 이해할 것이다. 그러나 그동안에는 인내심을 갖고 기다려야 한다.

어리석은 사람들 속에서 올바른 통찰력을 지닌 사람은, 모든 시계가 잘못된 시간을 가리키는 도시에서 정확한 시간을 알고 있는 사람과 같다. 이 사람만이 올바른 시간을 알고 있지만, 아무 소용이 없다. 모두가 잘못된 시간을 가리키는 시계를 따르고 있기 때문이다. 심지어 올바른 시간을 가리키는 시계를 가진 사람들조차 말이다.

28 경멸하는 사람이 존경받는다

사람은 어린아이와 같아서 너무 잘해주거나 응석을 받아주면 버릇이 없어지기 마련이다. 따라서 누구에게나 너무 관대하거나 자비롭게 대해서는 안 된다. 일반적으로 친구에게 돈을 빌려주지 않아서 친구를 잃을 일은 없지만, 돈을 빌려주면 친구를 잃을 가능성이 크다. 이와 비슷하게 친구에게 자존심을 내세우며 거만하게 굴었을 때 그 친구가 쉽게 떠나지는 않지만, 친구에게 친절하고 상냥하게 대하면 그들이 오만해지고 참을 수 없게 되어 결국 절교絶交할 수 있다.

사람들을 혼란에 빠뜨리는 한 가지는, 바로 당신이 그들에게 의존하고 있다는 생각이다. 이것은 그들이 당신에게 거만한 태도를 낳게 한다. 그들은 당신과 관계를 맺으며 무례하게 대하기 시작한다. 예를 들어 중요한 문제로 그들과 자주 대화해야 할 때, 그들은 자신에게 호감이 있다는 생각으로 예의범절을 지키지 않는다. 바로 이것이 가까워지고 싶은 사람이 드물며, 천박한 사람들과의 교제를 피해야 하는 이유가 된다. 만약 누군가가 당신이 의존적이라고 생각하는 순간에 그 사람은 당신이 무엇을 훔친 것처럼 여기고 복수를 통해 그것을 되찾으려 할 것이다.

사람들과의 관계에서 우위를 점하려면, 당신이 그들에게 독립적이라는 것을 보여주는 것이 유일한 방법이다. 따라서 남녀를 불문하고 당신이 상대방 없이도 잘 지낼 수 있다는 느낌을 주는 것이 좋다. 그렇게 하면 우정은 강화될 것이다. 또한, 사람들에게 약간의 경멸을 섞어 대하는 것도 나쁘지 않다. 그렇게 하면 그들은 당신의 우정을 더욱 소중하게 여길 것이다. '경멸하는 자가 존경받는 자'라는 이탈리아 속담처럼 말이다. 그러나 상대방이 우리에게 정말로 높은 가치가 있다면, 경멸하는 마음을 숨겨야 한다. 개들도 너무 친하면 견디지 못하는데, 하물며 사람은 오죽하겠는가! 유쾌하지는 않지만 사실이다.

29

사소한 일에서 진짜 모습이 나타난다

고귀한 성품과 뛰어난 소질을 가진 사람들이 가끔 세상 물정을 잘 모르는 것처럼 보이며, 사람을 이해하는 능력이 부족할 때가 있다. 특히 젊은 시절에 그렇다. 그래서 사기를 당하거나 나쁜 길로 끌려가는 일이 있다. 반대로 평범한 사람들은 세상에서 쉽게 성공한다. 그 이유는 경험이 전혀 없는 경우, 사람은 자신의 선험적先驗的 개념에 따라 판단해야 하기 때문이다.

일반적으로 어떤 문제를 해결할 때 선험적 판단은 결코 경험과 같은 수준이 될 수 없다. 평범한 사람들에게 선험적 개념은 그저 자신의 이기적인 관점으로, 자신의 평범한 사고에 따라 판단하지만, 고귀한 성품을 가진 사람들은 그 이상의 기준으로 판단하고 행동한다. 또한, 그들은 다른 사람들의 생각과 행동을 자신의 높은 기준에 따라 판단하기 때문에, 그 결과가 항상 자신의 예상과 일치하지 않는다.

하지만 고귀한 성품을 가진 사람들도 경험을 통해서든 다른 사람들로부터 배운 교훈을 통해서든, 일반적으로 사람들에게 기대할 수 있는 것이 무엇인지를 알게 된다. 즉 그들 중 5분의 1이 도덕적이고 지적인 점에서 제대로 구성되어 있지 않아 그들과 관계를 맺지 않아도 된다면, 차라리 그들과의 관계를 피하고 가능한 한 멀리하는 것이 좋다. 그러나 그는 그들의 비참함이나 비열하고 초라한 본성을 충분히 이해하지는 못할 것이다. 따라서 그는 평생 동안 그들에 대한 개념을 확장하고 보완해서 완전한 것으로 만들어야 한다.

그러는 동안 그는 많은 실수와 손해를 겪는 일을 되풀이할 것이다. 또한, 스스로 배운 교훈을 마음에 새긴 후에도 그가 모르는 사람들과 함께 있을 때, 그 사람들의 얼굴이나 표정, 대화나 태도를 보면서 그들이 이성적이고, 솔직하며, 성실하고, 신뢰할 수 있는 사람들이라고 생각하게 된다. 그러나 이런 것에 속지 말아야 한다. 자연은 어리석은 사람이나 악인을 묘사할 때 서투른 시인이 악인을 묘사하듯이 자신의 의도를 드러내어 창조하지 않기 때문이다.

만약 서투른 시인의 작품이라면, 시인은 그들의 감정을

계속 부인하며 경고의 목소리로 "이 사람은 악인이다. 그가 말하는 것을 신경 쓰지 말라"라고 말할 것이다. 하지만 자연은 셰익스피어나 괴테처럼 일을 진행한다. 즉 작품 속 인물이 악마라고 해도 우리 앞에 등장할 때마다 순간적으로 완전히 옳은 것처럼 보이게 만든다. 이들은 너무도 객관적으로 묘사되어 우리의 관심을 끌고, 그들의 관점에 동조하게 만든다.

마치 자연의 작품처럼, 인물들 각각은 어떤 숨겨진 법칙이나 원리의 결과로 발전해 모든 말과 행동이 자연스럽고 필연적으로 보이게 된다. 그러므로 만약 당신이 이 세상의 악마와 어리석은 사람들이 뿔을 달고 다니거나 종을 흔들고 다니는 것을 기대한다면, 당신은 항상 그들의 희생자나 장난감이 될 것이다.

또한, 사람들과의 교류에 있어서 세상 사람들은 언제나 한 면만 보여준다는 것을 명심해야 한다. 모든 사람은 타고난 모방의 재능을 가지고 있으며, 자신의 얼굴을 가면처럼 꾸밀 수 있고, 자신이 정말로 가장假裝하고 있는 사람처럼 보일 수 있다. 게다가 이 가면은 자신의 개성에 맞게 만들 것이어서 그에게 딱 맞고, 다른 사람을 속이는 데 효과적이다. 그들은 누군가의 호의를 얻고자 할 때마다 이런 가면을 쓴다. 이탈리아 속담에서 말하듯 '아무리 나쁜 개도 꼬리를 흔든다'라는 사실을 절대 잊지 말아야 한다.

그러므로 새로 알게 된 사람은 지나치게 호감을 갖지 않도록 조심하는 것이 좋다. 그렇지 않으면 실망감과 수치심을 얻거나 큰 피해를 받을 수 있다. 이에 대한 세네카의 말은 우리에게 생각의 여지를 남긴다.

"사람들은 작고 사소한 일 속에서 자신의 진짜 성격을 드러낸다."

이렇듯 우리는 사소한 행위나 태도를 통해 다른 사람의 일에는 신경 쓰지 않는 무한한 이기심을 관찰할 좋은 기회를 얻을 수 있다. 이런 이기심은 중요한 일 속에도 숨겨져 있으니, 이기심을 잡을 기회를 놓치지 말아야 한다.

일상생활의 소소한 일들에서 어떤 사람이 이기적으로 다른 사람의 권리를 침해하고, 오로지 자신에게 유리한 것만 찾는다면, 그의 마음속에 정의는 없다. 만약 법이나 권력이 그 사람을 결박하지 않는다면 그는 더 큰 악행을 저지를 것이고, 아무도 그를 신뢰하지 않을 것이다.

우리와 함께 일하거나 관계를 맺고 있는 사람이 우리를

불쾌하고 성가시게 한다면, 그 사람이 우리에게 그만한 가치가 있는지, 즉 같은 성향을 더 심하게 드러내도 우리가 감수할 수 있는지를 자문해 보아야 한다. 만약 그만한 가치가 있다고 생각된다면, 말해 봐야 별 소용이 없으니 문제를 그냥 넘기거나 약간 언급하고 넘어가는 것이 좋다. 물론 그로 인해 같은 문제가 다시 발생할 수 있다는 점을 염두에 두어야 한다.

반대로 그렇게까지 할 가치가 없다고 생각된다면, 그 사람과의 관계를 즉시 끊어야 한다. 만약 친구라면 절교를 해야 하고, 고용인이라면 해고해야 한다. 왜냐하면, 그는 반드시 같은 실수를 반복할 것이며, 순간적으로는 진심으로 반성하는 것처럼 보여도, 결국 다시 문제가 생길 것이다. 인간의 성격은 고칠 수 없으며, 모든 행동은 자기 내면의 원칙에서 비롯되기에 비슷한 상황에서 언제나 같은 행동을 하게 된다. 이 주제에 대한 환상에서 깨고 싶다면 나의 수상 논문인 〈인간 의지의 자유에 관하여〉를 참고하라.

친구와의 관계가 끊어진 후 다시 화해하는 것은 일종의 약함을 드러내는 행위다. 그렇게 하면 그 친구는 갈등을 일으켰던 바로 그 행동을 다시 할 것이며, 심지어 상대에게 자신이 필요하다는 생각으로 더 대담하게 행동할 것이다. 이는 해고한 직원을 다시 고용했을 때도 똑같이 적용된다. 이렇듯 우리는 사람들이 상황이 바뀌면 이전과 똑같이 행동하리라고 기대해서는 안 된다. 오히려 사람들은 자신의 관심이나 이익이 바뀌는 속도만큼이나 태도와 감정도 바꾸기 마련이다.

따라서 우리는 어떤 사람이 놓인 상황을 추측하고, 그가 어떻게 행동할지를 알려고 한다면, 그 사람과의 약속이나 기대에 의존해서는 안 된다. 설령 그 사람이 진실하게 말하고 있다 해도, 그는 자신도 전혀 알지 못하는 것을 이야기하는 것이기 때문이다. 그러므로 우리가 그 사람이 어떻게 행동할지를 아는 유일한 방법은, 그가 놓이게 될 상황과 그 상황이 그의 성격과 얼마나 충돌할지를 예측하는 것이다.

만약 대부분의 사람들이 가진 진정한, 즉 슬픈 본질을 명확하고 깊이 있게 이해하고 싶다면, 문학 작품 속에 등장하는 사람들이 어떻게 행동하는지를 실제 생활과 비교해 보는 것이 매우 유익하다. 이러한 경험을 통해 자신이나 다른 사람에 대한 잘못된 생각을 피하는 데 큰 도움이 된다. 이때 실제 삶이나 문학 작품 속에서 비열함이나 어리석음을 발견해도 화를 내거나 감정에 치우치지 않도록 주의해야 한다. 그저 인간의 성격을 연구하는 데 추가된 새로운 사실로 받아들이면 된다. 마치 광물학자가 특이한 광물 표본을 발견했듯이 말이다.

물론 어떤 사실들은 매우 예외적이어서 어떻게 그런 일이 발생했는지, 또 그렇게 큰 차이가 사람과 사람 사이에서 생기는지 이해하기 어려울 수 있다. 그러나 일반적으로 오래전부터 말해진 것은 사실이며, 세상은 매우 나쁜 상태에 있다. 미개한 나라에서는 사람들이 서로 잡아먹고, 문명화된 나라에서는 서로 속인다. 그런데도 사람들은 그것을 세상의 이치라고 부른다.

국가와 모든 정치기관, 그리고 국내외에서의 힘의 규칙은 무엇인가? 그것들은 모두 인간의 무한한 불의不義를 막기 위한 장벽이다. 인류의 역사를 통해 모든 왕은 견고하게 왕좌에 앉아서 자신의 백성이 어느 정도 번영에 이르면, 인근 국가들을 상대로 군대를 이끌어 마치 도적 떼처럼 약탈하는 것을 보여준다. 거의 모든 전쟁은 결국 약탈을 목적으로 한다.

고대와 중세시대에도 정복된 사람들은 노예가 되어 정복자들을 위해 일해야 했는데, 그것이 전쟁 배상금을 내는 것과 다른 차이가 있는가? 전쟁 배상금은 이전에 우리가 일한 결과물로 대표된다. 볼테르는 "모든 전쟁은 강도질과 다름없다"라고 말했는데, 독일인은 이 말을 마음에 새겨두어야 한다.

30 누구도 가면을 쓰고 오래 있을 수 없다

사람은 어떤 성격을 지녔을지라도, 혼자서 자신의 길을 갈 수는 없다. 누구나 개념과 규칙을 따라야 한다. 그렇다고 해서 너무 극단으로 가게 되어 자신의 타고난 본성이 아닌 논리적 사고로 만들어진 인위적인 성격을 가지려고 한다면, 다음 말이 옳다는 것을 알게 된다.

"성격은 강제할 수 없으며, 아무리 노력해도 결국 돌아오게 된다는 것을 깨닫게 될 것이다."

다른 사람들과의 관계를 다루는 규칙을 이해하고, 스스로 발견하여 표현하는 건 어렵지 않다. 그러나 그 규칙이 실제로 지켜지지 않을 수도 있다. 그렇다고 절망할 필요는 없다. 즉 추상적인 규칙이나 격언대로 사는 것은 불가능하니 그냥 마음대로 사는 것이 낫다고 생각해서는 안 된다. 오히려 실질적인 결과를 목표로 할 때 첫 번째로 해야 할 일은 규칙을 이해하는 것이고, 두 번째는 그 규칙을 실제로 연습하는 것이다.

이론은 이성의 노력으로 즉시 이해될 수 있지만, 실천은 시간이 걸려야만 익힐 수 있다. 예를 들어 학생에게 악기 다루는 법과 펜싱을 가르친다고 하자. 처음에는 다양한 음을 익히거나 펜싱에서의 여러 자세를 배울 때, 아무리 노력해도 실수를 저지르게 마련이다. 그러나 오랜 연습을 통해 거듭된 실수를 개선하며 완벽해질 수 있다. 다른 일에서도 마찬가지다. 라틴어를 쓰고 말하는 것을 배울 때 문법 규칙을 잊어버리기도 하고, 어리석은 사람이 예의를 갖춘 사람으로 변하거나, 열정적인 사람이 노련하고 세상 물정에 밝아지거나, 솔직한 사람이 신중해지거나, 고결한 사람이 냉소적으로 변하는 것도 오랜 연습을 통해서만 가능하다.

이런 자기 훈련은 오랜 습관의 결과이며, 항상 외부의 제약으로 작용한다. 이에 대한 자연의 저항이 중지되는 일은 없으며, 때로는 뜻하지 않게 이를 극복하기도 한다. 이렇듯 추상적인 원칙에 따른 행동과 타고난 경향에 따른 행동의 관계는, 이질적인 재료들을 인위적人爲的으로 만든 시계와 같다. 즉 인공적인 제품과 형식, 재료들이 합쳐져 하나의 유기체有機體가 된 것과 같다.

이렇듯 습득된 성격과 타고난 성격의 관계를 볼 때 나폴레옹 황제The Emperor Napoleon가 한 말은 정당하다.

"자연적이지 않은 것은 모두 불완전하다."

이 말은 물리적이든 도덕적이든 보편적으로 적용된다. 이 규칙에 대한 유일한 예외는 광물학자들이 아는 사금석砂金石으로, 인공적으로 제조된 것에 비교되지 않는다.

이처럼 모든 형태의 가식을 경계해야 한다. 가식은 항상 경멸을 불러일으킨다. 첫째로 그것은 속임수를 암시하고, 그 속임수는 두려움에 기초한 비겁함이다. 둘째로 그것은 자기 비난을 암시하는데, 이는 사람이 자신이 아닌 어떤 것을 가장하려 한다는 뜻으로, 자신이 실제보다 더 나은 사람으로 보이려 한다는 것을 의미한다.

어떤 자질을 가장하고 그것을 자랑하는 것은, 그 자질을 갖추지 못했음을 고백하는 것과 같다. 용기, 학문, 지능, 재치, 여성에게 얻는 인기, 재산, 사회적 지위 등 무엇이든 자신이 자랑하는 것이라면, 바로 그것이 약하다는 것을 암시한다. 만약 어떤 사람이 큰 능력을 충분히 갖고 있다면, 그 능력을 스스로 과시하지 않을 것이다. 단지 그 능력을 갖고 있다는 사실에 만족할 것이다. 이것이 의미하는 것은 다음 스페인 속담에서 알 수 있다.

"요란한 소리를 내는 말발굽에는 편자못이 빠져 있다."

물론 처음에 말했듯이 누구라도 자신의 있는 그대로의 모습을 드러내서는 안 된다. 우리의 본성에는 숨겨져야 할 악하고 짐승 같은 면들이 많기 때문이다. 하지만 이것은 소극적인 것, 위장僞裝을 정당화할 뿐이다. 적극적인 것, 즉 허위를 정당화하지 않는다. 또한, 가식은 즉시 알아챌 수 있으며, 그것이 무엇을 가장하려 하는지 분명하지 않더라도 인식할 수 있다. 게다가 가식은 오래가지 못하며, 가면은 곧 벗겨질 것이다. 이에 대해 세네카는 다음과 같이 말했다.

"아무도 가면(가짜 인격)을 쓴 채로 오래 있을 수는 없다. 가짜는 곧 본성으로 돌아간다."

31

다른 사람은
나를 비추는 거울이다

사람은 자신의 몸무게를 자각하지 않아도 지탱할 수 있지만, 다른 사람의 몸을 움직이려 하면 곧 무게를 느끼게 된다. 마찬가지로 자신의 결점이나 악덕은 알아차리지 못하고, 다른 사람의 단점과 악덕만을 알아차린다. 그러나 다른 사람을 거울로 변환시키면 자신이 가진 모든 악덕, 결점, 무례함과 혐오스러움을 명확히 볼 수 있다. 단지 대부분의 사람들은 개가 거울 속 자신의 모습을 보고 짖어댄 이야기처럼, 자신이 본 것은 다른 개가 아니라 바로 자신임을 깨닫지 못할 뿐이다.

다른 사람을 비판하는 이는 자기 자신을 개선하기 위해 노력한다. 즉 다른 사람의 일반적인 행동을 꼼꼼하게 살피고, 그들이 하는 일과 하지 않는 일에 대해 엄격한 판단을 내리면서 자신을 완벽하게 만들어간다. 그들은 어느 정도의 정의감, 또는 최소한의 자존심과 허영심을 갖고 있기에 자신이 다른 사람에게 비난받는 것을 스스로 피하려고 한다. 그러나 관대한 사람들은 정반대이며, 그들은 다른 사람들에게 베푸는 관용을 자신에게도 요구한다.

성경에는 다른 사람의 눈에 들어간 먼지와 자신의 눈 속에 있는 들보 이야기가 나온다. 눈의 본성은 자신을 보는 것이 아니라 다른 것을 보는 데 있다. 따라서 다른 사람의 결점을 관찰하고 비난하는 것은 자신의 결점을 자각하는 데 매우 적합한 방법이다. 우리는 우리의 도덕을 올바르게 다듬기 위해 거울이 필요하다.

이 같은 규칙은 글쓰기와 좋은 문장에도 적용된다. 만약 새로 생긴 문체의 어리석음을 비판하는 대신에 칭찬한다면, 당신은 그것을 모방하게 될 것이다. 이것이 바로 독일에서 문학적 어리석음이 인기를 끄는 이유이다. 독일인은 매우 관대하다. '우리는 용서해주고, 대신 용서를 바란다'가 그들의 격언이다.

32

인간관계의 현실적인 기본 원칙

고결한 사람들은 젊은 시절에는 인간관계와 그로 인해 생기는 동맹을 이상적이라고 생각한다. 즉 성향, 감정, 취향, 지적 능력 등이 비슷하다는 것에 기반한다고 여긴다. 그러나 그들도 나이를 먹어가면서 인간관계나 동맹은 현실적인 것, 즉 어떤 물질적 이익에 기반을 둔다는 것을 깨닫는다.

대부분 동맹의 기반에는 물질적인 이익이 있다. 사실 대다수의 사람들은 다른 기반에 의한 동맹을 생각하지 못한다. 누구든지 직책, 직업, 국적, 가족 관계 등으로 평가받는다. 즉 사람은 인생의 관습적 배열에서 배정받은 위치와 성격으로 평가되며, 마치 물건처럼 취급된다.

개인적인 특성과 인격적 자질을 기준으로 평가받는 것

은 편의상 이루어지는 예외적 상황일 뿐이다. 그래서 개인적 자질에 대한 평가는 누군가에게 불쾌할 때면 무시되기 마련이다. 그러나 개인적인 가치가 큰 사람일수록 이러한 관습적 배열에서 큰 기쁨을 느끼지 못하고, 그런 체계가 적용되는 영역에서 벗어나려고 한다.

이러한 배열이 존재하는 이유는, 고통뿐인 이 세상에서는 불행에 대비하는 수단을 마련하는 것이 중요하다고 여기기 때문이다. 그래서 이것이 삶의 본질적이고 가장 중요한 일이 되는 것이다.

33 세상에서 말하는 진정한 우정이란

동전 대신 지폐가 유통되는 것처럼, 이 세상에는 진정한 존경과 우정 대신 피상皮相적인 행동과 최대한 자연스럽게 보이는 가짜 존경과 우정이 유통되고 있다. 이런 상황에서는 과연 동전만큼의 가치를 지닌 사람이 있는가에 대한 의문이 생긴다. 나는 인간의 거짓된 존경심 보다 솔직하게 꼬리를 흔드는 정직한 개를 더 존중한다.

진정성 있고 순수한 우정은 상대의 기쁨과 슬픔에 대해 강한 공감을 전제로 한다. 이는 순수하게 객관적이며 전혀 이기적이지 않은 감정으로, 결국 우정의 대상과 완전히 동일시하는 것을 의미한다. 그러나 인간 본성의 이기심은 그러한 공감에 강하게 반대되기 때문에, 진정한 우정은 마치 전설 속 바다뱀처럼 실재 여부를 모르는 것과 같다.

그럼에도 불구하고 인간 사이의 관계에는 진정한 우정의 알갱이가 담겨 있다. 물론 일반적으로는 어떤 숨겨진 개인적 이익이 바탕에 있는 경우가 많다. 이는 이기심이 취할 수 있는 여러 형태 중 하나일 뿐이다. 그러나 모든 것이 불완전한 세상에서 이 진정한 감정의 알갱이는 그러한 관계를 우정이라고 부를 수 있는 자격을 어느 정도 부여한다.

이러한 관계는 일반적으로 존재하는 우정보다 훨씬 높은 수준에 있는 관계이다. 일반적인 우정이란, 만약 당신이 당신의 친한 친구들이 당신의 등 뒤에서 어떻게 이야기하는지 듣게 된다면, 절대 그들과 다시는 한마디도 하지 않을 정도로 형편없는 것이다.

친구가 당신을 위해 큰 희생을 해주는 것이 진정한 도움이 되는 경우를 제외하고, 그의 감정의 진실성을 테스트하는 가장 좋은 방법은, 당신에게 일어난 불행 소식을 그가 어떻게 받아들이는지 관찰하는 것이다. 그 순간 그의 표정은 진심 어린 동정심을 보여줄 것이며, 그렇지 않다면 그의 얼굴이 완전히 평온하거나 동정심이 아닌 다른 감정의 흔적이 드러날 것이다.

이에 대해 라 로슈푸코는 다음과 같이 말했다.

"우리는 가장 친한 친구의 불행에 직면했을 때 언제나 반드시 기분이 나쁘지 않은 무언가를 발견한다."

실제로 그러한 순간에 평범한 친구는 즐거운 미소를 억누르기 힘들어할 것이다. 사람들의 기분을 좋게 만드는 가장 확실한 방법은 최근에 당신에게 닥친 어려움을 이야기하거나, 당신의 개인적인 약점을 솔직히 털어놓는 것이다. 이것은 인간이 지닌 특성이다. 멀리 떨어져 있거나 오랫동안 보지 못한 사람들은 비록 그들이 가장 친한 친구라 할지라도, 점점 관심이 식어가며 추상적인 존재로 변해간다 아무리 인정하기 싫어도 그렇다. 그들에 대한 우리의 관심은 점점 이상적이고 관습적인 것으로 유지될 뿐이다.

반면에 우리의 눈앞에 항상 있는 사람들, 심지어 애완동물들에 대해서도 생생하고 깊은 관심을 유지한다. 이는 인간이 얼마나 감성에 의해 제한되는지를 보여준다. 이런 점에서 괴테의 다음 말은 합당하다.

"현재는 강력한 여신이다."

집주인보다는 '집의 친구'라는 표현이 적절하며, 그런

점에서 그들은 개보다는 고양이에 가깝다. 당신의 친구들은 자신이 '진실한 친구'라고 말하겠지만, 스스로 진실하다고 말하는 사람이 바로 적敵이다. 그러니 적의 비난을 쓰라린 약처럼 받아들여 자기 성찰의 수단으로 삼아라. 고난을 겪을 때는 친구가 없다는 말이 있다. 오히려 그 반대다. 새로운 친구를 사귀자마자 그는 어려움에 빠졌으니 돈을 빌려 달라고 할 것이다.

34

인간관계 속 호감의 법칙

세상 물정을 잘 모르는 사람들은 지성과 통찰력을 드러내는 것으로 사회에서 인기를 얻을 수 있다고 생각할 것이다. 그러나 대다수의 사람들에게 이런 자질은 미움과 원한을 불러일으키며, 자신이 분노하는 진짜 이유를 억누르도록 강요받기 때문에 이러한 감정은 더욱 견디기 어렵게 된다. 실제로 일어나는 일은 이렇다. 어떤 사람이 상대에게 뛰어난 지적 능력이 있다는 것을 알아차리면, 자신이 그 상대의 장점을 알아냈듯이 상대도 자신의 결점을 알아챘다고 결론을 내린다. 이런 방법은 상대에 대한 미움과 원한을 자극하게 된다. 이에 대해 그라시안Baltasar Gracian은 다음과 같이 말했다.

"사람들에게 호감을 얻으려면 가장 동물적인 단순함을 보여주는 것이 유일한 방법이다."

자신의 지능과 식견을 드러내는 것은 다른 사람들을 둔하고 무능하다고 간접적으로 비난하는 것과 같다. 게다가 저속한 사람은 어떤 형태의 반대에도 격하게 반응하기 마련인데, 질투가 그의 적대감의 숨은 원인이 된다. 일상적으로 관찰되는 사실은 사람들이 자신의 허영심을 만족시키는 것에서 가장 큰 즐거움을 느낀다는 것이다. 허영심은 다른 사람과의 비교 없이는 만족될 수 없다. 그래서 지적 능력만큼 사람을 자랑스럽게 하는 것은 없다. 오직 지적 능력만이, 사람이 동물을 능가하는 것이다.

이런 점에서 자신이 다른 사람들보다 특별하게 뛰어난 능력이 있다는 사실을 드러내는 것은 경솔한 일이다. 왜냐하면, 상대 사람들은 복수하고 싶은 갈망을 느끼고, 일반적으로 모욕을 통해 복수할 기회를 찾기 때문이다. 이는 지성의 영역에서 의지의 영역으로 넘어가는 것인데, 그 영역에서는 모든 사람이 적대감에 있어 동등하다. 따라서 사회에서 지위와 부는 항상 공손한 대우를 받을 수 있지만, 지적 능력은 절대 그런 대우를 기대할 수 없다.

무시당하는 것이 가장 큰 호의로 여겨지며, 그것을 사람들이 눈치챈다면 무례한 행위로 간주하거나, 정당한 권리가 없는 것처럼 여겨지며, 그가 자부심을 가지는 것을 보고 보복하고 굴욕감을 주려 한다. 또 탁월한 사람이 아무리 겸손하게 행동해도 지적으로 우수하다는 것에 대한 용서를 얻을 수는 없다. 사디는《장미정원》에서 다음과 같이 말했다.

> **"어리석은 사람들이 지혜로운 사람을 만나는 것을 꺼리는 것은, 지혜로운 사람들이 어리석은 사람들을 만나는 것보다 백배나 더 심하다."**

반대로 열등감은 실제로 추천할 만한 특성이다. 마치 따뜻함이 몸에 유쾌한 것처럼, 우월함을 느끼는 것이 정신에도 좋기 때문이다. 사람은 본능적으로 이 느낌을 주는 사람들과 함께하려고 하며, 따뜻해지고 싶을 때 난로 곁이나 햇볕 아래로 가듯이 그렇게 한다. 그러나 이는 그가 자신의 우월함 때문에 미움을 받게 된다는 것을 의미한다. 사람들이 좋아하려면 지적으로 열등해야 하고, 여자의 경우 아름다움에서 열등해야 한다. 그러나 만나는 사람들의 일부에게 진정한 열등함을 보여주는 것은 매우 어렵다.

생각해보라! 그저 그럴 정도로 예쁜 소녀가 정말 못생긴 소녀를 얼마나 친절하고 진심으로 환영하는지. 남자의 경우, 신체적 장점이 그렇게 중요하게 여겨지지 않지만, 자신보다 큰 남자보다는 작은 남자가 옆에 앉는 것이 더 좋을 것이다. 그래서 남성들 사이에서는 둔하고 무지한 사람들이, 여성들 사이에서는 못생긴 사람들이 항상 인기가 많고 수요가 많은 것이다. 이런 사람들에 대해 매우 성격이 좋다는 말이 자주 나오는 이유는, 그들을 좋아하는 진짜 이유를 가리기 위한 핑계를 찾고 싶어 하기 때문이다.

또한, 이것은 어떤 종류의 정신적 우월함이든 그것이 항상 그 소유자를 고립시키는 이유이기도 하다. 사람들은 순수한 증오심 때문에 그를 피해 도망치고, 자신의 행동을 정당화하기 위해 그에 대해 나쁜 말을 퍼뜨리는 것이다. 여자의 아름다움도 비슷한 작용을 한다. 정말 예쁜 소녀들은 다른 여성을 친구로 삼는 것뿐만 아니라 함께 하는 동반자도 없다. 또 아름다운 여성은 귀부인의 말 상대를 일자리로 지원하는 것을 피해야 한다. 그녀가 방에 들어서는 순간, 여주인이 될수 있는 귀부인은 자신의 딸을 위해서나 자신의 이유로나 그녀의 아름다움을 어리석은 것으로 여기며 찡

그럴 것이다.

그러나 그 소녀가 신분의 이점을 가지고 있다면 상황은 매우 다르다. 왜냐하면, 신분은 개인적 특성 같은 대조가 아니라 배경의 색채처럼 반사를 통해 작용하기 때문이다. 이는 사람의 피부색이 주변 환경의 지배적인 색조에 따라 달라지는 것과 비슷하다. 이러한 말들은 정치 생활에서의 승진뿐만 아니라, 명예와 존엄의 자리, 더 나아가 과학, 문학, 예술 세계에서의 명성을 위한 모든 경쟁에도 적용된다. 예를 들어 학회에서는 중간 수준의 능력이 항상 앞서 나가며, 진정한 실력은 더디게 인정받거나 아예 인정받지 못한다. 모든 분야에서 그러하다.

35

게으름, 이기심, 허영심

다른 사람에 대한 우리의 신뢰에는 가끔 우리의 게으름, 이기심, 허영심에 기인한다. 게으름은 우리가 직접 조사하고 주의 깊게 살피기보다는 다른 사람에게 맡기는 것에서 나온다. 이기심은 우리가 직면한 문제에 대해 다른 사람에게 이야기할 때 나온다. 만약 우리가 이야기한 내용이 자랑거리였다면, 그것은 허영심이 깔린 것이다. 그런데도 우리는 자신이 부여한 신뢰를 지켜주기를 원한다.

그러나 반대로 사람들이 우리를 믿지 않는다고 해서 화를 내서는 안 된다. 왜냐하면, 그들의 불신不信에는 공정公正을 매우 드문 것으로 여기고 있음에도 진심으로 찬사를 보내는 것이기 때문이다. 이런 점에서도 공정은 그 존재가 의심스럽다.

36

예의와 배려에 대한 성찰

예의禮義는 중국인이 주요 덕목으로 여기는 것으로, 두 가지 정책적 고려에 기초한다. 그중 하나는 내가《윤리학의 두 가지 근본문제》에서 설명했고, 다른 하나는 다음과 같다. 예의는 도덕적이나 지적으로 빈약한 것을 무시하고, 서로 비난의 대상으로 삼지 않겠다는 암묵적 합의에 기초한다. 이렇게 되면 서로의 결점들이 폭로되지 않아 결과적으로 상호 이익을 얻는다.

예의 바르게 행동하는 것은 지혜로운 일이다. 따라서 무례하게 행동하는 것은 어리석은 일이다. 불필요하고 고의적인 무례함으로 적을 만드는 것은 집에 불을 지르는 것만큼 미친 짓이다. 예의는 가짜 돈과 같아서 그것을 아끼는 것은 어리석다. 현명한 사람은 예의를 넉넉히 사용한다. 모든 나라에서는 편지를 마칠 때 '당신의 가장 충성스러운 종'이라는 표현을 사용한다(독일인만 이 표현을 쓰지 않는다. 사실이 아니기 때문이다!).

그러나 예의를 너무 지나치게 사용하여 자신의 앞길을 망치는 것은 가짜 돈 대신에 진짜 돈을 주는 것과 같다. 단단한 양초도 약간의 열을 가하면 부드러워져 원하는 모양으로 만들 수 있다. 마찬가지로 예의 바르고 친절하게 대하면, 비록 사람의 성격이 까칠하고 악의적일지라도 그들을 유순하고 협조적으로 만들 수 있다. 따라서 예의는 인간 본성에 있어 양초에 가한 열과 같다.

물론 예의 바르게 행동하는 것은 쉬운 일이 아니다. 대부분의 사람들이 전혀 존경할 가치가 없음에도 모든 사람에게 존경을 보여야 하기 때문이다. 또한, 우리가 전혀 관련이 없어서 다행이라고 여기는 사람들에게 가장 큰 관심을 가장해야 하기 때문이다. 예의와 자존심을 결합하는 것은 지혜의 걸작이다.

우리는 모욕받는 것에 대해 화내지 말아야 한다. 엄밀하게 말해 모욕은 우리가 존중받지 못했다는 의미이다. 한편으로는 우리 자신의 가치와 존엄성에 대해 과장된 평가를 하지 않으면, 즉 우리 자신을 너무 자랑스럽게 여기지 않으면, 그리고 다른 사람의 마음속에서 한 사람이 보통 다른 사람에 대해 내리는 판단을 명확하게 이해한다면, 우리는 모욕에 쉽게 화를 내지 않을 것이다.

대부분의 사람들이 조금이라도 자신을 비난한다고 생각하면 화를 내는데, 그들이 자신에 대해 다른 사람들이 하는 말을 직접 들었다면 어떤 기분일지 상상해보라. 우리는 예의가 단지 웃고 있는 가면에 불과하다는 사실을 절대 잊어서는 안 된다. 그 가면이 조금 벗겨졌을 때는 소란을 피워봐야 아무 소용이 없다. 한 사람이 노골적으로 무례하게 구는 것은 그가 모든 옷을 벗고 벌거숭이로 있는 것과 같다. 그 사람은 이 상태에 있는 대부분의 사람들처럼 흉한 모습을 보이는 것이다.

37 독창성에 대하여

나 자신의 행동에 대해서 다른 사람을 본보기로 삼아서는 안 된다. 다른 사람과는 상황, 환경 등이 같을 수 없으며, 성격이 다르면 행동에도 차이가 생긴다. 따라서 두 사람이 같은 일을 해도 그 결과는 다르다. 두 사람 중 한 명은 자신이 하려는 일을 신중히 고민하고, 자신의 성격에 따라 행동해야 한다. 즉 독창성이 있어야 한다. 그렇지 않으면 그 사람이 하는 일은 그 자신과 맞지 않을 것이다.

38

상대의 말을 반박하지 말라

다른 사람의 의견은 반박하지 않는 것이 좋다. 그 사람이 믿는 터무니없는 모든 것을 바로잡으려면 므두셀라 Methuselah•의 나이까지 살아야 하며, 그러고도 충분하지 않을 것이다. 또한, 대화 중에 다른 사람의 실수를 지적하는 것도 피해야 한다. 아무리 선의善意에서 나온 말이어도 사람들을 쉽게 기분 나쁘게 할 수 있으며, 이를 고치기란 어렵기 때문이다.

만약 우연히 두 사람의 대화를 듣다가 너무 어리석어서 화가 난다고 해도, 두 어리석은 사람이 벌이는 희극이라고 생각하는 것이 편하다. 또한, 세상에 나와 자신이 정말로

• 므두셀라 : 성경 속 인물로 969세까지 살았다고 전해진다.

중요한 것들을 가르치겠다고 생각하는 사람이 있다면, 아무 상처 없이 이 세상을 떠날 수 있는 것을 다행으로 여겨야 할 것이다.

39

냉정하고 열정 없이 말하라

자신의 판단을 받아들이게 하려면, 그것을 냉정하고 열정 없이 표현하라. 모든 격렬함은 의지에서 나오기 때문이다. 사람들은 판단의 근본은 의지이며, 그 본성에 의해 냉정한 인식이 아니라고 여길 것이다. 인간의 근본적인 요소는 의지이며, 인식은 부수적이다. 따라서 사람들은 격렬하게 표현한 의견에 대해 의지의 흥분 상태에서 나온 것으로 믿을 것이다.

40

자화자찬

(自畵自讚)

자신을 칭찬할 만한 충분한 이유가 있다고 해도, 절대로 스스로 칭찬하려는 유혹에 빠지면 안 된다. 허영심은 일상적이지만, 공로功勞는 매우 특별한 것이기 때문이다. 그러므로 누군가가 간접적으로 자신을 칭찬하는 것처럼 보일지라도, 사람들은 그가 순전히 허영심으로 이야기하고 있으며, 자신이 얼마나 어리석은지를 인식하지 못한다고 생각할 것이다. 그러나 베이컨Francis Bacon의 다음과 같은 말이 전혀 틀린 것은 아니다.

"비난이나 자찬에는 어느 정도 효과가 있다."

따라서 적은 양의 자화자찬은 추천할 만하다.

41

거짓말과 진실

만약 누군가가 거짓말을 하고 있다고 의심된다면, 그것을 모두 믿는 것처럼 행동해야 한다. 그러면 그 사람은 계속해서 거짓말을 할 것이고, 점점 더 큰 거짓말을 함으로써 결국 자신의 정체를 드러낼 것이다. 반대로 누군가가 숨기고 싶은 비밀이 새어나갔다면, 그것을 믿지 않는 듯 행동하는 것이 좋다. 이런 반대되는 행동은 그 사람 스스로 비밀을 드러내게 하고, 모든 의심에 대한 진실을 전부 말하게 할 것이다.

42

침묵의 나무는 평화의 열매를 맺는다

우리는 모든 문제를 비밀로 해야 한다. 아무리 친한 사람이어도 그들이 직접 자기 눈으로 본 것 말고는 그들과 전혀 상관없는 것으로 해야 한다. 왜냐하면, 그들이 당신에 대해 알고 있는 아무것도 아닌 것들이 우리에게 불리하게 작용할 수 있기 때문이다. 일반적으로 직접 말하는 것보다 침묵을 지킴으로써 드러내는 게 더욱 효과적이다. 침묵에는 현명함이, 말에는 허영심이 담겨 있어서다.

둘 중 어떤 방법을 선택해도 좋은 기회가 있는데, 이럴 때는 말로써 일시적인 만족감을 얻는 것이 아닌 침묵을 보이는 것이 오랫동안 이득을 얻을 수 있다. 그렇기에 우리는 자신도 모르게 침묵을 택한다. 또한, 활발한 사람들은 아무도 듣지 않을 때 혼자 소리 내어 말하면서 즐거움을 얻는다. 이것이 습관 되지 않도록 주의해야 한다. 이런 습관을 들이면 생각과 언어가 친숙해져서 생각나는 것을 그대로 소리 내어 말할 수 있다.

따라서 생각하는 것과 말하는 것 사이의 간격을 넓게 유지해야 한다. 우리는 간혹 다른 사람들은 우리가 경험한 것을 믿지 않는다고 의심한다. 하지만 그들은 전혀 의심하지 않을 수도 있다. 그러나 우리가 조금이라도 의심할 여지를 주면, 그들은 더 이상 믿지 않게 된다. 그런데 우리는 다른 사람들이 그것을 눈치챌 수밖에 없다고 생각해서 우리의 비밀을 가끔 드러낸다.

이것은 마치 높은 곳에서 발을 잘못 디딘 사람이 더 이상 버티지 못하고 떨어져 버리는 것과 같다. 즉 자신의 위치에서 느끼는 고통이 너무 커서 차라리 끝내는 것이 낫다고 생각하는 것이다. 이러한 종류의 불안을 고소공포증이라고 부른다.

하지만 사람들은 자신과 관련 없는 일에 대해서는 얼마나 영리한지 잊어서는 안 된다. 다른 일에는 별다른 날카로움을 보이지 않더라도 말이다. 이것은 마치 '수학의 대가'

처럼 하나의 사실만 줘도 그들은 가장 복잡한 문제를 풀어내는 데 능숙하다. 그래서 오래전에 있었던 어떤 사건을 이야기하고 싶을 때 이름을 언급하지 않거나, 그와 관련된 사람들을 명확하게 밝히지 않으려면, 특정 장소와 날짜, 또는 관련된 사람의 이름처럼 사건과 조금이라도 연관된 어떤 것도 이야기 속에 포함시키지 않도록 주의해야 한다.

만약 그러한 단서가 하나라도 주어지면, 사람들은 이를 바탕으로 그 나머지를 다 밝혀낼 것이다. 이들에게는 이러한 문제에 대한 호기심이 열정으로 변하는 것이다. 그들의 의지는 지성을 자극하고, 가장 먼 결과까지도 얻으려는 목표를 향해 밀고 나간다. 사람들은 일반적이고 보편적인 진리에 대해서는 무관심하고 무감각할 수 있지만, 특정한 세부사항에 대해서는 매우 열정적이다.

이런 이유로 인생의 지혜를 가르치는 사람들은 모두 침묵을 특별히 강조하며, 여러 가지 이유를 들어 이를 지켜야 한다고 주장한다. 그래서 이 주제에 대해 더 자세히 설명할 필요는 없을 것이다. 그러나 잘 알려지지 않았으며, 이 주제에 적절한 아라비아 속담을 추가로 소개하겠다.

"적이 알아서 안 될 것은 자신의 친구에게도 말하지 말라."

"비밀을 내가 지키면 나의 소유가 되지만, 내가 비밀을 누설하면 나는 그 비밀의 포로가 된다."

"침묵의 나무는 평화의 열매를 맺는다."

43

가치의 기준

속임을 당해 돈을 쓰는 것보다 더 유익하게 사용된 적은 없다. 그 대가로 현명함을 얻었기 때문이다.

44 인생의 처세

사람은 누구에게나 가능한 한 적의를 품어서는 안 된다. 하지만 그 누구의 태도에 대해 주의하고 기억하여, 그 사람의 가치가 있는지 판단하고, 그에 맞춰 자신의 태도를 조정해야 한다. 이때 사람의 성격은 변하지 않는다는 사실을 절대 잊지 말라. 어떤 사람의 나쁜 면을 잊어버리는 것은, 어렵게 얻은 돈을 버리는 것과 같다는 사실을 명심하라. 이렇게 하면 어리석은 친밀감과 우정의 결과로부터 자신을 보호할 수 있다.

인생 처세법의 절반은 '사랑에도 미움에도 치우치지 말라'는 것이며, 나머지 절반은 '아무 말도 하지 말고, 아무것도 믿지 말라'이다. 이런 규칙이 필요한 세상이라니, 정말 누구라도 등을 돌리고 싶을 만한 세상이다.

45

분노와 증오

분노나 증오를 말과 표정으로 드러내는 일은 불필요하며, 위험하고, 어리석고, 우스꽝스럽고, 저속한 것이다. 분노와 증오는 행동으로만 드러내야 하며, 그 외의 방식으로는 드러내지 않아야 한다. 그렇게 하면 감정이 더욱 효과적으로 전달될 것이다. 독을 품은 것은 냉혈동물일 뿐이다.

46

강조해야 할 것, 하지 말아야 할 것

'강조하지 않고 말하기'는 세상을 살아가는 지혜로운 사람들이 오랫동안 지킨 규칙이다. 이는 당신이 무슨 말을 했는지를 다른 사람들이 스스로 알아차리게끔 하는 것이다. 그들의 분별력은 느리기에 당신은 충분한 시간을 벌 수 있다.

반대로 '강조해서 말하기'는 그들의 감정에 호소하는 것이다. 그렇게 하면 당신이 기대한 것과 반대의 결과를 얻는다. 당신이 예의 바르고 정중한 태도로 말한다면, 많은 사람들에게 직설적으로 비판해도 즉각적인 위험을 무릅쓰지 않을 수 있다.

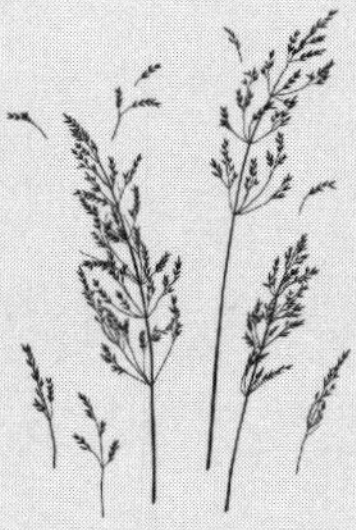

Arthur Schopenhauer

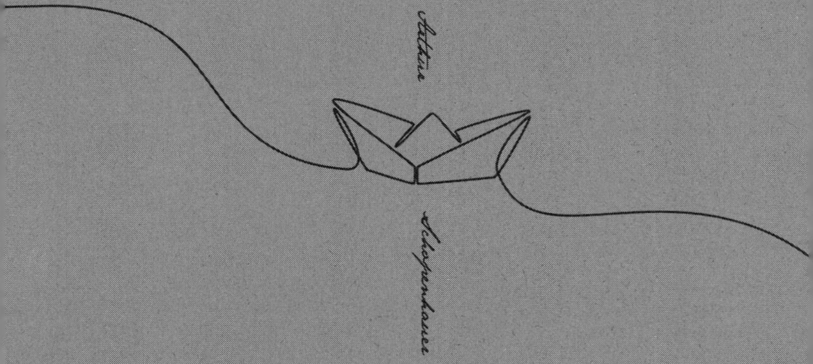
Arthur Schopenhauer

CHAPTER 4

시대와 운명에 대한 처세

불행이 자주 일어나는 이유는
더 큰 불행을 견딜 수 있도록
우리를 훈련시키는 것이다.

47 인생의 본질

우리의 인생은 다양한 형식을 취하지만, 언제나 같은 요소가 존재한다. 그 본질은 어디에서나 마찬가지인 것이다. 오두막에서 살든지, 궁전이나 수도원, 또는 병영兵營에 있든 환경을 아무리 바꿔도 마찬가지다. 일상생활에서는 모험이나 성공, 실패 등 여러 가지 사건이 일어난다.

그런 점에서 인생은 마치 사탕 가게와 같다. 각양각색의 모양과 색을 가진 물건들이 있지만, 결국 모두 같은 재료로 만들어졌다. 또한, 사람들이 누군가의 성공을 이야기할 때, 실패한 사람의 운명도 그렇게 다르지 않다. 세상의 불평등은 만화경의 조합과 같다. 매번 새로운 그림이 눈에 띄지만, 실제로는 같은 유리 조각들만 보는 것이다.

48

인생은 주사위 게임과 같다

한 고대 무명작가가 인생에는 세 가지 힘이 있다고 말했다. 바로 '지혜, 건강, 행복'이다. 우리는 그중에서 세 번째, 행복이 가장 큰 효력이 있다고 믿는다. 우리의 인생은 항해와 같다. 운명은 배를 앞으로 나가게 하거나 항로에서 멀어지게 하는 바람의 역할을 하며, 이때 우리가 할 수 있는 것은 미약하다. 우리는 마치 배의 방향을 조정하는 키와 같아서 계속 작동시킨다면 항해에 도움이 될 수도 있지만, 갑작스러운 돌풍에 모든 것을 잃어버릴 수도 있다.

그러나 순풍이 불면 배는 키가 필요 없이 순항할 것이다. 이런 운명의 힘에 대한 스페인 속담이 있다.

"당신의 아들에게 행운을 주라. 그러면 바다에 던져도

된다."

운명은 악의적인 힘이기에 가능한 한 우리는 몸을 맡겨서는 안 된다. 한 가지 예를 들겠다. 우리에게 선물을 주면서도 그 선물에 대한 권리가 없으며, 그 선물은 전적으로 주는 사람의 호의와 은혜 덕분이다. 그래서 우리는 앞으로도 선물을 받을 수 있다는 희망을 품게 된다. 우리에게 이런 식으로 선물을 주는 것이 바로 운명이다. 운명은 자신이 베푸는 호의 앞에서 우리는 무력하다는 것을 확실히 알려주는 왕과 같은 존재다.

누구나 자신의 인생 항로를 돌아보면 미로처럼 복잡한 여정에서 불행이 닥친 여러 순간이 있을 것이다. 이때 자신에게 심하게 비난할 수 있지만, 인생 항로는 결코 자기 자신의 힘으로만 이루어진 게 아니다. 두 가지 요소, 즉 발생한 일련의 '사건'과 그에 대한 자신의 '결단'이 끊임없이 상호작용하고 서로를 수정해 나간다. 그런데 우리의 시야가 제한적이어서 계획에 대해 멀리 내다볼 수 없거나, 미래의 사건들을 예측할 수 없다. 즉 우리의 지식은 현재의 계획과 현재의 사건들에 엄격히 제한된다. 그렇기에 목표가 멀리 있는 한 우리는 그 목표를 향해 곧장 나아갈 수 없고, 대략

옳은 방향을 잡고 가는 것에 만족하며, 가끔 가야 할 방향을 바꾸는 것이다.

결국 우리가 할 수 있는 것은 우리의 상황에 맞춰 결단을 내리며, 그 결단이 최종 목표에 한 걸음 더 다가가기를 바라는 것이다. 여기서 모든 사건과 우리가 의도하는 것은 다른 방향으로 끌어당기는 두 가지 힘과 비슷하다. 그리고 우리의 인생 항로는 이 두 힘에 의해 생기는 대각선으로 표현될 수 있다. 이에 대해 테렌스Terence는 다음과 같이 말했다.

"인생은 주사위 놀이와 같다. 가장 필요한 숫자가 나오지 않더라도 우연이 주는 것을 잘 이용해야 한다."

더 간단히 말하면, 인생은 운명이 카드를 섞고 나눠주는 카드 게임과 같다. 그런데 현재 맥락에서 가장 적절한 비유는 체스 게임이다. 우리가 세운 계획이 상대방의 수에 따라 달라지듯이, 인생에서는 운명의 변덕에 따라 수정될 수밖에 없다. 그래서 우리는 원래 계획의 흔적을 거의 알아볼 수 없을 정도로 전술을 변경해야 한다.

그런데 인생 항로에 영향을 미치는 또 다른 요소가 있다. 그것은 우리가 생각한 것보다 어리석고 널리 알려진 '진리'다. 반대로 우리가 생각한 것보다 더 현명하다는 것은, 실제로 그렇다고 할 수 있는 사람들만이 나중에 알아채는 '발견'이다. 또한, 우리에게는 뇌보다 더 현명한 것이 있다. 즉 인생의 중요한 순간에 결정을 내릴 때, 우리는 명확한 지식보다는 내면의 충동에 의해 우리 본질의 가장 깊은 근거에서 나오는 본능에 이끌려 행동한다.

그리고 나중에 명백해지겠지만, 자신이 얻은 개념이나 다른 사람에게 빌려온 원칙을 자신에게 적용해 비판한다. 즉 '한 사람의 고기가 다른 사람에게는 독이 된다'라는 격언을 충분히 고려하지 않았기 때문에 우리는 자신에 대한 공정성을 잃게 된다. 그러나 마지막에서야 누가 옳았는지를 보여준다. 지혜의 나이에 이른 노인만이 자신의 행동이나 다른 사람의 행동에 대해 올바른 판단을 내릴 수 있다.

우리의 내면적 충동은 우리가 깨어났을 때 잊혀지는 일종의 예언적 꿈의 무의식적인 결과일 수 있다. 이러한 꿈은 우리의 삶에 일관된 색조와 극적인 통일성을 부여하여, 쉽게 오류에 빠지거나 잘못된 결정을 내릴 수 있는 불안정한 의식의 순간에서 얻을 수 없는 것이다. 이러한 예언적 꿈 덕분에 사람은 자신이 특별한 분야에서 큰 업적을 이루기 위해 부름을 받았다고 느끼며, 그 길이 자신의 진정한 길이라는 내면의 비밀스러운 느낌으로 젊은 시절부터 그 방향으로 나아간다. 마치 벌이 본능적으로 벌집을 짓는 것과 같은 방식이다.

이것이 바로 그라시안이'위대한 분별'로 본능적으로 자신의 구원이자 이것이 없다면 길을 잃을 수 있다고 느끼는 것이다. 추상적인 원칙에 따라 행동하는 것은 어려운 일이며, 가끔이라도 성공하기 위해서는 많은 연습이 필요하다. 간혹 원칙들이 특정 상황에 맞지 않는 경우가 많지만, 모든 사람은 선천적으로 구체적인 원칙을 가지고 있다.

또한, 이것은 마치 우리의 혈관을 흐르는 피와 같아서 모든 생각, 감정, 의지의 결과로 나타난다. 보통은 이것을 추상적인 형태로는 인식하지 못하고, 오직 자신의 전체 삶을 되돌아볼 때 항상 그 원칙에 의해 인도되었음을 깨닫게 된다. 그것들은 마치 자신도 모르게 따라온 보이지 않는 실마리와 같다.

49 시간의 고리대금

우리는 언제나 시간의 작용, 즉 '시간은 큰 변화를 일으키며, 모든 것이 본래 덧없다'라는 진리를 잊어서는 안 된다. 또한, '사물은 변하기 쉽다'라는 성질을 염두에 두고, 현재 일어나는 모든 것에 대해 반대되는 것을 상상하는 것이 좋다. 즉 행복할 때는 불행을, 우정 속에서는 적의를, 맑은 날씨 속에서는 흐린 날씨를, 사랑 속에서는 증오를, 신뢰 속에서는 배신을 상상해야 한다. 이렇게 하면 막연한 신뢰에서 벗어날 수 있으며, 악조건 속에서도 행복한 시간을 생생하게 느낄 수 있다.

이 얼마나 진정한 세상 속 지혜의 원천이 되겠는가! 우리는 항상 반성하게 되어 쉽게 속지 않을 것이다. 왜냐하면, 일반적으로 세월이 가져올 변화를 예상하기 때문이다.

이 세상에서 모든 것이 불안정하고 일시적이라는 것을 깨닫는 데 있어서 개인적인 경험만큼 중요한 것은 없을 것이다. 모든 것은 그 자리에서, 그 시간이 계속 이어지는 동안 필연성의 산물이기에 완전히 정당화될 수 있다.

이러한 사실로 인해 매년, 매달, 심지어 매일의 상황이 영원할 것처럼 보인다. 그러나 우리는 이것이 결코 사실이 될 수 없다는 것을 알고 있으며, 모든 것이 덧없는 이 세상에서 오직 변화만이 영원하다는 것을 안다. 현명한 사람은 겉보기에 안정된 것에 속지 않을 뿐만 아니라, 변화가 일어날 경로를 예측할 수 있다. 반면 일반적인 사람들은 현재 상황이 계속될 것이며, 과거처럼 미래도 똑같이 흘러갈 것으로 생각한다. 이것은 눈앞의 결과만으로 봤을 뿐, 그 원인을 알지 못한 것에서 비롯된다.

"오류는 언제나 결과에서 원인을 측정하는 데에서 비롯된다."

다시 말하면'사물의 원인'은 앞으로 일어날 변화를 감추고 있지만, 반대로 '사물의 결과'는 원인에 있는 것이며

'미래의 변화'를 내포하지 않는다. 그런데도 사람들은 오직 결과만을 알고, 그 결과를 가져온 원인이 계속해서 그 상태를 유지할 것으로 생각하여 그 결과에만 집착한다. 이것은 매우 흔한 오류인데 이런 오류에 좋은 점이 없는 것은 아니다. 즉 사람들은 항상 똑같은 잘못을 저지르며 그 오류로 인한 재앙도 똑같이 영향을 미치기 때문에 견디기 쉽다.

그런데 인간은 이론적이거나 그 결과를 미리 알고 있을 때만 시간을 선취先取할 수 있지, 실생활에서는 그렇게 할 수 없다. 즉 인간은 시간이 가져다주는 것을 그 시간이 오기 전에 찾는 것이다. 그런데도 시간을 선취하려는 사람은 시간보다 더 나쁜 고리대금업자는 없다는 사실을 알게 될 것이며, 시간이 돈을 빌려줄 때는 어떤 유대인보다 고액의 이자를 지불해야 한다는 것을 알게 될 것이다. 예를 들어 인간은 나무에 소석회와 인공적인 열을 가하여 며칠 만에 잎이 돋고, 꽃이 피며, 열매를 맺게 할 수 있다. 하지만 키우는 순간 그 나무는 시들어서 죽는다.

마찬가지로 19세의 젊은이가 30세가 되면 쉽게 할 수 있는 일을 몇 주 동안 했다고 하자. 그때에도 시간은 그가 요구하는 대출을 해준다. 하지만 그가 나중에 쓸 힘의 일부와 함께 그의 생명의 일부가 이자로 지불된다. 어떤 질병은 적절한 치료를 위해서 자연적인 경과에 몸을 맡기면 얼마 되지 않아서 아무 흔적도 남기지 않고 치유된다. 하지만 환자가 조급해서 아직 질병이 남아 있음에도 완전히 나았다고 주장한다면, 이 경우에도 시간은 대출을 허용할 것이고 질병은 사라질 수 있다. 그러나 평생의 약해진 몸과 만성적인 문제를 이자로 지불해야 한다.

또한, 전쟁이나 사회적 혼란의 시기에 급하게 돈이 필요할 때가 있다. 이런 경우에는 토지나 국채를 제대로 시세만 따르면 충분한 값을 받을 수 있지만 3분의 1, 또는 더 낮은 금액으로 팔지 않으면 안 된다. 그러나 그는 시간을 대출받는 셈이고, 그 손실은 지불해야 할 이자가 된다. 또는 먼 곳을 여행하기 위해 큰돈이 필요한 사람도 있을 것이다. 1, 2년 안에 소득에서 그 금액을 저축할 수 있지만, 그만큼 기다릴 여유가 없다. 그래서 돈을 빌리거나 당장 갖고 있는 자본에서 끌어대는 수밖에 없다.

즉 그는 시간을 앞당겨 돈을 빌리는 것이다. 그렇게 되면 그가 지불할 이자는 가계家計를 엉망으로 만들고 적자가 계속되어 절대 회복할 수 없다. 이것이 시간의 고리대금으로, 시간을 기다릴 수 없는 모든 사람이 희생자다. 이와 같이 시간의 흐름을 앞으로 당기려고 하는 것은 어리석은 행동이다. 따라서 시간을 빛지지 않도록 조심해야 한다.

50

모든 것은 마음먹기에 달렸다

일상생활 속에서 당신은 신중한 사람과 보통 사람 사이의 특징을 인식할 수 있다. 예를 들어 어떤 일을 할 때 위험 가능성을 평가한다면, 보통 사람은 과거에 그런 일을 할 때 발생한 위험의 종류에만 초점을 맞춘다. 반면 신중한 사람은 미래에 발생할 수 있는 모든 가능성을 고려하며, 다음과 같은 스페인 격언을 염두에 둔다.

"일 년 동안 일어나지 않았던 일이, 몇 분 안에 일어날 수 있다."

여기서 말한 차이가 생기는 것은 당연하다. 왜냐하면, 일어날 가능성을 계산하려면 어느 정도의 분별력이 필요하지만, 이미 일어난 일을 보는 데는 감각만 있으면 되기 때문이다.

악령들에게 제물을 바치는 것을 잊지 말라. 내가 말하는 것은 불행의 가능성을 막을 수 있다면, 시간, 노력, 돈을 아끼지 말고, 편안함을 포기하거나 목표를 제한하며 자신을 절제하는 것에 주저하지 말라는 뜻이다. 그렇게 희생하는 것이 많을수록 불행이 발생할 가능성은 희박해지고 없어진다. 그 법칙의 가장 확실한 실례가 보험이다. 보험료는 '불안의 제단'에 바치는 공적인 제물인 것이다.

51

행복과 불행은 한 끗 차이다

어떠한 운명이 당신을 덮치더라도 지나치게 기뻐해서도, 또는 슬퍼해서도 안 된다. 이는 언제든지 당신의 운명이 바뀔 수 있으며, 무엇이 자신에게 좋고 나쁜지를 판단할 때 쉽게 속기 때문이다. 거의 모든 사람이 어떤 사건으로 인해 슬퍼했지만, 나중에 그 사건이 자신에게 가장 좋은 일이었음을 알게 되거나, 반대로 큰 기쁨을 느꼈던 일이 결국 가장 큰 고통의 원인이 되었던 일이 많다.

이를 대하는 마음가짐에 대해 셰익스피어William Shakespeare는 다음과 같이 표현했다.

"나는 너무 많은 기쁨과 슬픔의 변덕을 느꼈다. 그래서 이제는 둘 중 하나가 일어나도 곧바로 감흥 받지 않는다."

일반적으로 어떤 사람이 불행을 조용히 받아들인다면, 이는 그가 인생에서 수많은 끔찍한 일이 일어날 수 있다는 사실을 알고 있기 때문이다. 그래서 그는 현재의 고통을 다가올 수 있는 큰 고통의 작은 부분으로 여긴다. 이것이 바로 스토아 철학자의 태도로, 인간의 슬픈 운명(인간의 조건)을 절대 잊지 않는다. 즉 우리의 존재는 고통과 불행으로 가득 차 있으며, 우리가 직면한 고통은 무수하다는 것을 항상 기억하는 것이다.

어디에 있든지 주위를 둘러보면 인간의 고통을 되살릴 수 있으며, 눈앞에는 비참하고 무의미한 생존을 위해 몸부림치고 고통받는 인류가 보일 것이다. 이 사실을 기억한다면, 사람은 인생에서 많은 것을 기대하지 않고, 완벽한 상태가 존재하지 않는 세상에 적응하는 법을 배울 것이다. 불행을 직시하고 피할 수 없다면 용기 있게 맞서는 것이다.

크든 작든 불행은 우리가 살아가는 요소라는 사실을 절대 잊어서는 안 된다. 그렇다고 해서 베리즈포드Beresford가 말한 '인생의 고통'만을 생각하고 한탄하면서 짜증 내서는 안 된다. 우리의 목표는 주위를 잘 살펴 불행을 미리 대비하는 것이다. 삶의 불쾌한 것들, 즉 사람들에게 오는 것이든, 물리적 세계에서 오는 것이든, 이를 피하는 완벽한 방법을 익히는 것이다. 마치 영리한 여우처럼 모든 불행을 피해 나가야 한다.

불행이 일어날 수 있다는 가능성을 염두에 두고 대비하면 덜 가혹하게 느껴진다. 만약 불행이 일어나기 전에 그 가능성을 조용히 생각해 보았다면, 그 범위와 영향을 알고 있을 것이며, 얼마나 영향을 미칠지 어느 정도 예측할 수 있다. 따라서 실제로 불행이 닥치더라도 과도하게 낙담하지 않으며, 실제보다 더 크게 느껴지지 않는 것이다. 반면 아무 준비도 없이 갑작스럽게 불행이 닥치면, 순간적으로 마음이 공포에 사로잡혀 그 불행의 범위를 알 수가 없다. 때로는 너무나 광범위하게 느껴져 끝이 없다고 생각할 수도 있다.

이와 마찬가지로, 어둠과 불확실성은 항상 위험의 감각을 증폭시킨다. 우리가 불행의 가능성을 생각해 본다면, 도움과 위안을 어디서 찾을지도 생각할 것이다. 또는 적어도 그런 생각에 익숙해진다. 우리가 인생의 불행을 차분하게 견딜 수 있도록 준비를 잘하는 것은 '모든 일이 필연적으로 일어난다'라는 사실을 확실히 아는 것이다. 사람은 필연적인 것에 금방 적응하게 된다.

어떤 일이 반드시 일어나야 한다는 것을 알게 되면, 그 일이 다르게 될 수 없다는 것을 이해하게 된다. 심지어 세상에서 가장 이상한 우연도 잘 알려진 규칙을 따르며, 정확하게 예측되는 현상만큼이나 필연적인 결과물임을 알게 된다. 이 점에 대해 내가《의지와 표상으로서의 세계》에서 필연적인 것이 주는 진정 효과에 대해 논술한 것을 참고하기 바란다. 이것을 완전히 알아낸 사람은 먼저 할 수 있는 일을 할 것이며, 그 후에는 받아들여야 할 것을 기꺼이 견딜 것이다.

우리에게 끊임없이 일어나는 삶의 작은 불행은, 큰 불행을 견딜 수 있도록 우리를 훈련시키기는 것이라고 볼 수 있다. 그러므로 다른 사람들과의 작은 갈등, 사소한 논쟁, 부적절한 행동, 쓸데없는 소문 등 삶의 성가신 일들에 대해서는 신경 쓰지 않아야 한다. 더 나아가 마음에 두어 고민하지 말고, 마치 길가에 놓인 돌처럼 멀리 밀어내고, 어떤 경우에도 그것에 대해 생각하거나 반성의 대상으로 삼아서는 안 된다.

52

운명의 덫

사람들이 일반적으로 운명이라고 부르는 것은, 대개 그들 자신의 어리석은 행동에서 나온다. 이에 대한 호메로스 Homeros의 현명한 조언을 마음에 새겨야 한다. 왜냐하면, 나쁜 행동은 다른 세상에서 보복을 당하는 것이지만, 어리석은 행동은 이 세상에서 보복을 받기 때문이다.

물론 용서가 주어지기도 한다. 이에 분노하지 않고 현명하게 통찰한 사람은 두렵고 위험한 존재로 느껴진다. 그래서 인간의 뇌가 사자의 발톱보다 더 무서운 무기이다. 완전하게 세상을 잘 아는 사람은 우유부단하지 않으며, 성급하게 서두르지 않는 사람이다.

53

자신의 운명에 당당히 맞서라

우리의 행복을 위해 현명함과 용기는 중요한 마음의 자질이다. 누구도 스스로 이런 자질을 갖출 수 없으며, 현명함은 어머니로부터, 용기는 아버지로부터 물려받는다. 이런 자질을 지니고 있다면, 결단력 있는 훈련을 통해 발전시킬 수 있다. 이 세상은 주사위가 항상 속임수로 던져지는 게임을 하는 것과 같다.

우리는 강철 같은 성격을 가져야 하며, 운명이나 다른 사람들에 맞서 싸워 이길 무기를 가져야 한다. 모든 삶은 길고 긴 전투이며, 발걸음마다 싸워야 한다. 이에 대해 볼테르는 다음과 같이 말했다.

"세상에서 우리는 칼을 가지고서만 성공할 수 있으며, 무기

를 손에 쥔 채 죽는다."

구름이 모이기 시작하자마자, 또는 지평선에 구름이 나타나기만 해도 위축되고 망설이는 사람은 비겁한 것이다. 따라서 우리의 신조는 이렇다.

"삶의 고난에 굴복하는 대신 불행에서 새로운 용기를 얻어야 한다."

위험한 문제의 결말이 아직 불확실하고, 그 결말이 행복해질 가능성이 남아 있는 한, 누구도 주저하거나 괴로워하지 말고 저항할 것을 생각해야 한다. 이는 마치 하늘에 푸른 곳이 조금만 보여도 날씨를 절망하지 않는 것과 같다. 세상이 무너져 내리더라도 우리는 두려워하지 않아야 한다. 우리의 전 생애는 물론 그 안의 축복들도, 비겁하게 떨고 움츠릴 까닭이 없다. 그러므로 용감하게 삶을 마주하고, 모든 불행에 단호하게 맞서야 한다.

하지만 지나친 용기는 무모함으로 변질될 수도 있다. 세상에서 살아가려면 어느 정도의 두려움은 필요하다고 할 수 있으며, 비겁함은 그저 두려움의 과장된 형태일 뿐이다.

이에 대해 베이컨은 자연이 의인화된 목양신牧羊神 판Pan과 연결하여 다음과 같이 말했다.

"자연은 살아있는 모든 것에 두려움을 심어놓아 자기 생명과 본질을 보존하고, 다가오는 재난을 피하고 물리치게 한다. 그러나 자연은 알맞은 정도를 모르기에 유익한 두려움에 언제나 헛된 공포심을 섞어 놓는다. 그래서 모든 것, 특히 인간은 공포심에 가득 차 있다."

이러한 공포심의 특징은, 공포에 빠진 사람이 자신이 두려워하는 이유도 제대로 모르는 상태에서, 공포 그 자체를 두려움의 근거로 삼는다는 것이다.

아무것도 할 수 없던 시절이 있었다. 나는 부지런히 움직였지만, 무엇도 열리지 않는 시기였다. 그 누구도 나와 함께하려 하지 않았고, 그 시점을 기준으로 나는 아무것도 되지 못한 인간 실격 그 자체가 되었다고 확신했던 때였다.

어린 시절, 많은 사람들에게 특별하다는 이야기를 들으며 "넌 반드시 무언가를 해낼 거야"라는 말을 믿고 마음 내키는 대로 살아가다가, 인생의 큰 벽에 부딪혀 한없이 주저앉아버린 그때 나는 생각했다.

'아무리 합리적으로 생각해도 이건 절망이라는 단어로밖에 설명이 안 된다.'

그때부터 나는 원래 하지 않던 다른 인생들과의 비교를 시작했고, 이미 무언가를 이룬 듯 보이는 사람들을 보며 열등감에 사로잡히고, 거울을 보며 자신을 혐오했다.

아무리 둘러봐도 내 시야에는 모든 것이 막혀있는 공간이었고, 나의 영혼은 실패한 인생을 맞이한 몸 안에 갇혀있었다. 다른 운명을 상상하기도 하고, 혹시 하늘에서 행운이 떨어져 모든 것이 좋아질 것이라는 망상을 하기도 하며 겨우 버티던 그 시절을 지나 지금에 이르렀다.

이런저런 것에 의존하고 끌려다니며 살아가던 그 시절에도 마음 한구석에는 작게나마 지키고 있는 생각이 있었다. 내가 이 고난 끝에서 죽어버린다면, 결국 모든 이야기가 실패자의 이야기가 될 것이고, 다시 일어설 수 있다면 모든 시간과 생각들은 평생을 살아갈 무기이자 경험이 되어줄 것이라고. 그리고 반드시 나의 때가 있고 나만의 길이 있을 것이라고.

그리고 거울을 보며 말했다. 다른 누구도 아닌 오직 나 자신이 나를 돕자고. 세상 누구도 나를 어둠에서 꺼내줄 수 없으며, 죽음으로 달려가는 나의 영혼을 내 몸을 움직여서 구해주자고.

그때부터 모든 것이 달라졌고, 어떻게 살아야 하는지에 대한 가치관이 확고해지며, 모든 세상이 또렷해졌다.

어린 시절 꿈에 가득 차 거리를 뛰어다니며 느끼던 그 공기를 다시 느낄 수 있게 되었다.

'맞아…. 그 시절에 느끼던 것이 분명 이런 공기와 온도였어.'

물론, 언제 다시 삶이 나를 집어삼킬지 모른다. 모든 것이 좋아 보이는 순간에 갑자기 들이닥치는 운명의 힘 앞에서 인간의 의지는 너무도 나약하다.

하지만 죽는 순간까지 한 인간으로서 그 나약한 의지를 부여잡고, 한 걸음 한 걸음 나아갈 것이다. 이제 나는 그 누구의 운명도 탐하지 않는다.

쇼펜하우어의 말을 빌려 독자들에게 이런 의지와 삶에 대한 태도를 전하고 싶다. 여기, 내가 먼저 앞장서서 선언하겠다.

'결코 나의 운명을 원망하지 않으리라.'

결코 나의 운명을 원망하지 않으리라

쇼펜하우어의 인생에 대한 조언(1851)

지은이 아르투어 쇼펜하우어
옮긴이 김요한
펴낸이 떠오름

초판 1쇄 인쇄 2024년 6월 17일
초판 1쇄 발행 2024년 6월 27일

펴낸곳 ㈜떠오름코퍼레이션
출판등록 제2021-000002호(2020년 4월 28일)
주소 서울특별시 성동구 왕십리로 4길 23-1, 3층
전화 070-4036-4586 **팩스** 02-6305-4923
홈페이지 www.risebooks.co.kr
이메일 official@risebooks.co.kr

값 16,800원

ISBN 979-11-92372-65-5 03100